SHUKUTOKU

学校説明会（予定）

6/20（土） [時間] 10:00～12:00

入試説明会（要予約※）

○各回とも内容は同じです。

9/ 5（土） [時間] 10:00～12:00

9/20（日） [時間] 10:00～12:00

個別説明会（時間予約制）

○ご都合の良い日に予約してお越しください。

10/17（土） [時間] 10:00～12:00

11/21（土） [時間] 10:00～12:00

12/ 5（土） [時間] 10:00～12:00

2021年度 入学試験

第１回 1/23（土） 募集人数：210名

第２回 2/4（木） 募集人数：若干名

※説明会等の開催日時が変更になる場合があります。必ず直前にホームページでご確認ください。ご予約は、開催１カ月前からインターネットで受け付けます。

www.shukutoku.yono.saitama.jp/

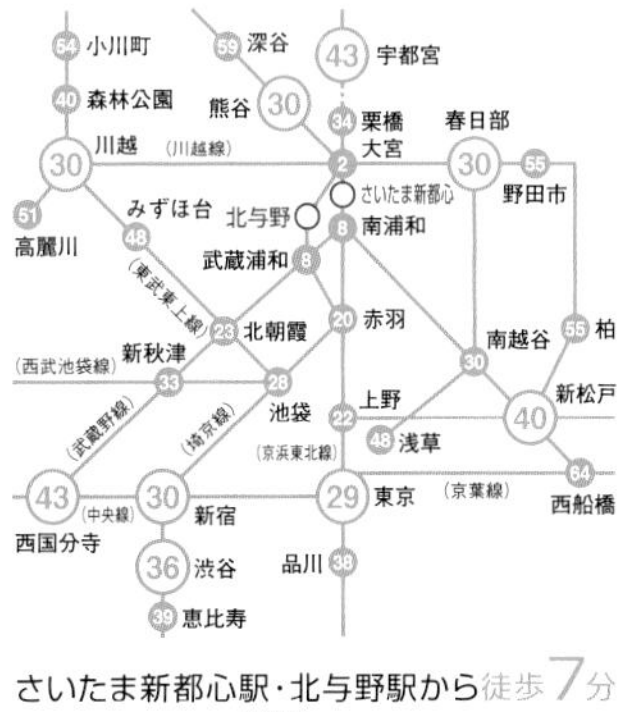

さいたま新都心駅・北与野駅から徒歩7分
大宮駅から徒歩15分

淑徳与野高等学校

〒338-0001 埼玉県さいたま市中央区上落合 5-19-18 TEL.048-840-1035 FAX.048-853-6008

CONTENTS

Success15 6

http://success.waseda-ac.net/

サクセス15
June 2020

表紙:開成高等学校

受験生 これからの1年間

やるべきことを意識しよう

猛威を振るう新型コロナウイルスの影響で、思わぬ「長期の春休み」から始まることになった受験生の「この1年」。だからといって入試が遠のくわけでもなく、その日は着実にやってきます。今月号では、そんな受験生が歩むこれからの1年間を見通して、みんなが明るいビジョンを描けるよう受験までのスケジュールをテーマにお話ししたいと思います。1年といっても、この本を開いた日からは、あと9カ月ほどでその日はやってきます。さあ、今日から、いや、いまこの時点から、はじめの1歩を踏み出しましょう。

さあ 受験生だ! 中学3年生がやるべきこと

中学3年生になったみなさん、さあ受験生としての1年間が始まりました。高校を受験しようとするとき、この春からどのよ

受験生 これからの1年間
やるべきことを意識しよう

うな1年間を送ることになるのかをまとめました。ここでは首都圏全体の平均的なスケジュールを示しましたが、各都県それぞれ微妙な違いがありますので注意が必要です。

「志望校選び」が出発点 三者面談までには決定を

中学3年生が高校に出願し受験するまでに、やらなければならないことは勉強だけではありません。

そしてその間、保護者の方とも十分な話しあいを進める必要があります。

受験生の思いだけで志望校選択を進めると、ご両親が上限と考えている学費の面などを考慮することを忘れがちです。受験になっての意思表明では、家族の考えとのギャップに苦しむこともあります。

ただ、学費の面では、私立高校は各校が奨学金制度や特待生制度を持っています。

また、各都県の給付支援金が充実してきました。この春からは政府の高校授業料無償化制度がさらに進み、私立高校にも適用されます。公立と私立の学費格差は縮まり、この春は私立高校を選ぶ家庭が大幅に増えています。

志望校選びは まず学校を知ることから

いまから、まずやらなければならないのが志望校選択です。

そのためには、まず「学校を知る」ことから始めましょう。

志望するかもしれない学校を5～6校は探し出し、それぞれの学校を調べるところから始めます。通学できる範囲の学校、男子校か、女子校か、共学校か、などで選り分けながら、数校をピックアップしましょう。そして、次の段階が、その学校を知ることです。

学校説明会

各校では、おもに7月ぐらいから、土曜日、日曜日を使い、受験生にその学校に来てもらう学校説明会を開きます。

集まった受験生、保護者に対して、校長先生や担当の先生が、学校の理念、入試システムなどを説明する会です。数回開かれますが、入試が近づくにつれ、翌春の入試について「出題傾向」「配点の考え方」「解答するうえでの注意点」など具体的な説明が行われることが多いので、秋以降2度目の訪問をする受験生、保護者も多くなっています。

いくつかの学校が集まって開催する「合同学校説明会」という催しもあります。これは一度に数多くの学校の説明を聞くことができる機会です。

学校を知るチャンス!!

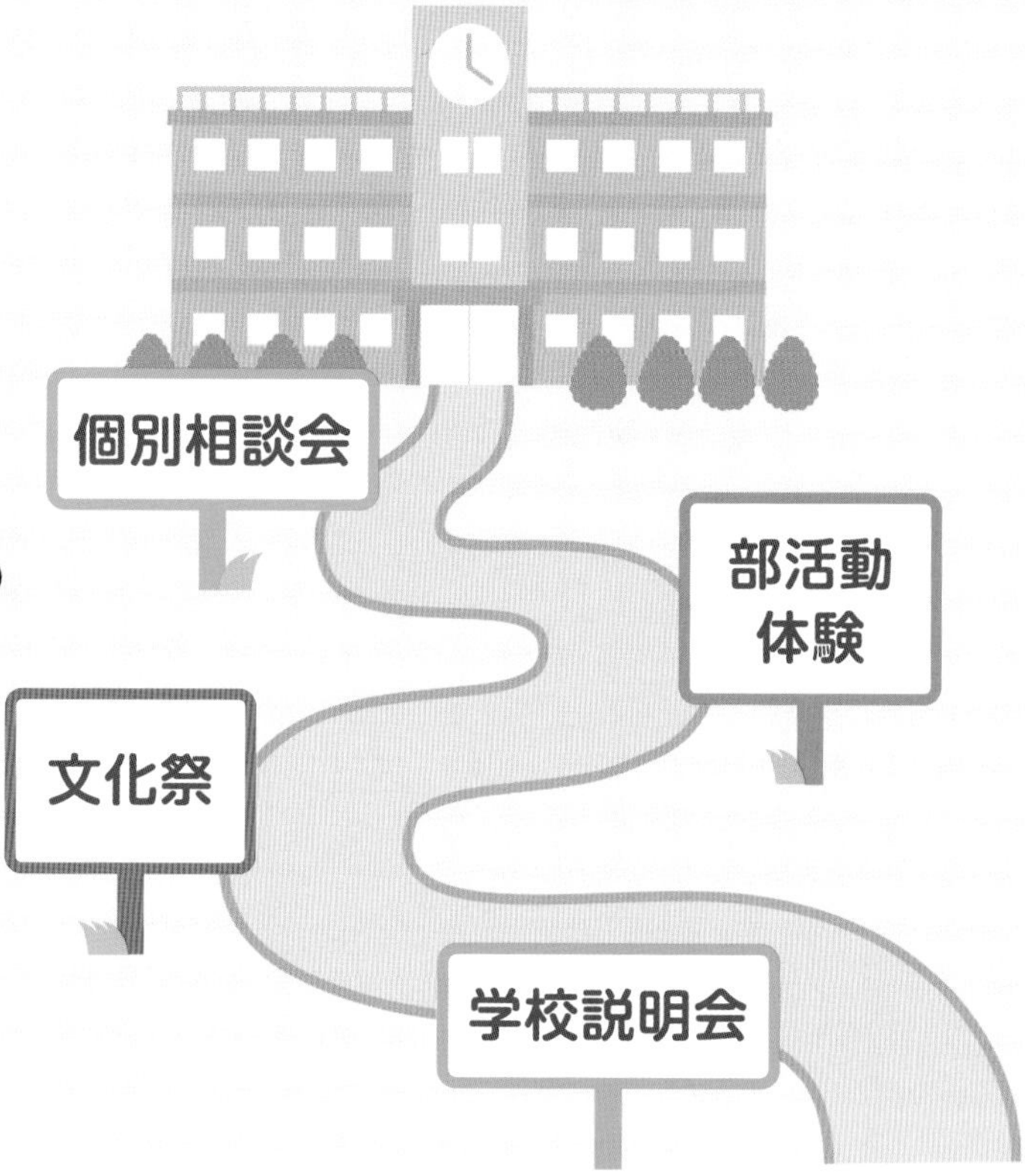

志望校として絞り込んだ学校には、合同学校説明会だけではなく、実際に足を運ぶことをおすすめします。その日程については、各校のホームページを参照しましょう。

学校見学会やオープンスクールなどといった名称で、学校を見学したあと、部活動などを体験できる機会も設けられています。部活動体験は公立高校でも夏休みから秋にかけて実施する学校も多くなっています。

また、「個別相談会」という相談会も行われています。受験生と保護者1組に対して直接、学校の先生方が質問や相談を受けつけてくれます。学校によっては、校長先生、副校長先生が対応してくれるところもあります。公立高校でも冬に入れば個別相談会を行う学校が増えています。

また、体育祭、文化祭、合唱祭などは受験生が見学できるイベントです。これらのイベントは秋以降に開催されることが多いのですが、私立高校のうちの難関といわれる学校では5月ぐらいから夏休みまでに実施され、その後は受けつけていないという学校もあります。

模擬試験

夏休み以降の各月に行われる模擬試験ですが、受験生は、受けておかなければ志望校の選択ができません。そこで示される偏差値から、志望校の合格可能性が導き出されるからです。

中学3年生の1年間〔例〕

5月	6月	7月	8月	9月	10月
●中間試験	●修学旅行 ●期末試験	●個人面談 ●学校説明会 ●夏休み	●夏期講習 ●学校説明会	●学校説明会 ●模擬試験 ●中間試験	●個人面談 ●学校説明会 ●模擬試験

学校説明会
各高校が自校の校風、特色などを紹介する見学・説明会。入試要項・内容なども公表する。私立・公立問わず活発に展開。

模擬試験
模擬試験は多くの受験生が受けるため腕試しとなるだけでなく合否の指標となる偏差値が示される。数回は受けたい。

受験生 これからの1年間
やるべきことを意識しよう

とくに学力試験のみの一般入試を行う私立の難関校には、模擬試験でもたらされる偏差値が学力のバロメーターとなります。

首都圏では、公立高校も「学力検査重視」へ変わってきていますので、学校選びを進めるとき、模擬試験の結果は重要なものさしになります。

注意すべきことは、毎回同じ模擬試験機関が行う試験を受けるようにすることです。

そうしないと、偏差値の伸びなどのデータに信頼をおくことができなくなります。

ただし、東京、神奈川、千葉の私立高校の推薦入試を受験の場合、とくに中位校、下位校では入試の合否は中3の12月に決まります。後述しますが、その合否は中学校の成績（内申）で決まるのです。ですから、模擬試験での成績が悪かったからといって心配する必要はありません、模擬試験の成績そのものは合否には関係しない独立した数値です。

注意しておくべきなのは埼玉県内私立高校の受験生です。埼玉の受験生は10月～12月に私立各校で行われる「個別相談」に臨む必要があります（後述）。

その個別相談で、内申のほかに模擬試験の結果（偏差値）も添えて、受験生自身（または保護者）が、志望する私立高校の先生と、合否の見込みについて相談するのです。

三者面談

ほとんどの中学校では、担任の先生との個人面談が1学期、2学期に各1回行われます。自分が志望する学校のことを話し、先生の意見も聞いておきましょう。

そして2学期のなかば（11月）になると、担任の先生、受験生本人、そして保護者が話しあう三者面談が行われます。

このとき担任の先生はすでに2学期末に出る予想成績を持っていますので、それをもとにした面談となります。とくに私立高校受験では、その内申点が志望する私立高校のレベルに達しているかどうかを、担任の先生は、ほぼ予測できるわけです。

受験生側は「私立と公立、どちらが第1希望か」「男子校・女子校が希望か、共学校が希望か」ぐらいは、基本的事項として決めておかなければなりません。そして、3校ぐらいの

合格！ 高校生に

11月
- 学校説明会
- 模擬試験
- 期末試験
- 三者面談

三者面談
期末試験の結果をふまえて担任の先生と保護者＋生徒本人が志望する高校について相談する。

12月
- 三者面談
- 私立高校入試相談
- 冬期講習

私立高校入試相談
各中学校の先生がその学校からの志望者をまとめ私立高校と相談する（12月なかば）。
【埼玉では別方式】

1月
- 私立高校出願
- 私立高校推薦入試
- 都立高校推薦入試出願
- 都立高校推薦入試

2～3月
- 公立高校入試出願
- 私立高校一般入試
- 公立高校一般入試
- 合格発表
- 二次募集
- 学年末試験
- 卒業式

私立高校入試

推薦入試 → 単願／併願

一般入試 → 筆記試験

一般入試のみの
私立高校もあるので
必ず事前にチェック！

志望校をあげておきましょう。

このときまでに志望校について家族とも話しあって決めておき、とくに「自分が行きたい学校」つまり第1志望校は、明確に伝えてください。

私立高校志望の場合は、この面談で受ける学校がほぼ決定されることにもなります。

推薦入試と一般入試

東京・神奈川の私立高校入試には、「推薦入試」と「一般入試」があります。

千葉では、公立入試での「前期選抜」「後期選抜」の区別がなくなりましたので、私立高校も、推薦入試は早めの日程になるものと思われます。

私立高校推薦入試は、「その学校しか受けません。受かったらその学校に行きます」と約束する「単願（専願）推薦」と「公立高校が受かったらその公立に行きますが、公立不合格の場合はその学校に必ず行きます」と約束する「併願推薦」があります。

推薦入試とは、調査書の評価を重視し、そのほかに面接、小論文、推薦書などで合否を決める入試のことです。単願（専願）、併願ともに推薦の基準として、出願に必要とされる中学校での成績が定められています。まずは、この基準をクリアしているかを確認する必要があります。学校によっては「入学後のクラス分けのために」筆記試験を行っているところもあります。

埼玉では前期・後期の区別がなく、推薦制度には「単願（第1志望）入試」と「併願入試(公私立併願可能)」があるのですが、どちらも学力試験も行われますので「推薦」とはいえなくなっています。

私立高校一般入試は筆記試験があり、学力が頼りの入試です。

公立高校でも神奈川、千葉、埼玉は、学力重視の一般入試のみとなっています。

首都圏では唯一、東京都立高校には、筆記試験がなく内申点と集団討論や面接で合否が決まる推薦入試があります。

埼玉では受験生が私立高校と直接相談する

私立高校の入試相談

三者面談で、受験校の最終確認が行われ、東京、神奈川、千葉では12月なかばから、中学校の先生が志望する各私立高校に出向いての「入試相談」が行われます。中学校の先生は、その私立高校を希望する生徒全員の成績一覧表を持っていて、1人ひとりの合格の可能性を相談します。

ただし、埼玉の私立高校を受けようとする場合には、7ページで触れている通り、他都県とは少し違ったシステムとなりますので注意が必要です。埼玉では「個別相談」といい、別の方法がとられているのです。

埼玉の私立高校が1月に実施する併願推薦入試は、他校（公立、私立とも）と併願することが可能です。

受験生 これからの1年間
やるべきことを意識しよう

入試前の10月～12月、各私立高校で行われる「個別相談」で、その合否の見通しが私立高校側から受験生・保護者に直接伝えられます。この「個別相談」が、他都県私立高校の推薦入試のための「入試相談」にあたるものです。

他都県では、「その生徒、出願していいですよ」と、私立高校側から中学校の先生が言われれば、推薦入試での合格可能性はかなり高いことになります。

埼玉で私立高校の先生から「出願してください」と言われるのは、中学校の先生ではなく、個別相談に赴いた受験生本人、また、保護者になるというわけです。

2021年度首都圏高校入試日程

公立高校

埼玉公立入試日程

募集期間	2021年2月15日(月)、16日(火)
志願先変更期間	2月18日(木)、19日(金)
学力検査日	2月26日(金)
追検査	3月3日(水)
合格発表	3月8日(月)

千葉公立入試日程

募集期間	2021年2月9日(火)、10日(水)、12日(金)
志願先変更期間	2月17日(水)、18日(木)
学力検査日	2月24日(水)、25日(木)
追検査	3月3日(水)
合格発表	3月5日(金)

神奈川公立 4月下旬発表 ※本誌締切までに未発表でした

例年なら 2月14日ごろ

東京都立 5月下旬発表

例年なら

推薦入試：1月26日・27日ごろ

一般入試一次募集：2月21日過ぎごろ

私立高校

埼玉

1月22日以降

千葉

1月17日以降

神奈川

推薦入試：1月22日以降

一般入試：2月10日以降

東京

推薦入試：1月22日以降

一般入試：2月10日以降

入試日程を確認したらさあ前進じゃ

君が進むべき「この1年」とは

森上教育研究所 所長
森上展安

前のページまで、受験生が歩むこれからのスケジュールについて説明してきました。では、どのような心がまえと考え方でこのスケジュールを歩んでいけばいいのか、森上展安氏にお話ししていただきます。

あなたにとって初めての「選択」

高校受験が他の小・中・大学等の受験と違っている点は、公立中学生（中高一貫校を除く）の、ほぼ全員が受験する試験だということです。

全員が受験生ともいえる公立中学生にとって、高校受験の意義はなんといっても進路選択にあります。もっとも、この4文字の後ろ2字「選択」に意義があるといえます。

なぜなら公立中学生は公立中学校を「選択」して入った

君が進むべき「この1年」とは

わけではなく、公立小学校も選んではいませんから、「選択」はおそらく生まれて初めての意志決定だということになります。

「選択」したわけではなかった公立中学校まではいったいなんだったのか、といえば、言葉は少々乱暴ですが「あてがい扶持《ぶち》」であった、といっていいと思います。あてがい扶持とは「雇い主の一方的判断で与えられる手当て（Wikipedia）」という意味ですが、ここでは国民として、国もしくは地方公共団体から一方的判断で与えられる教育、という文脈で使用しています。

しかし、明日からの高校教育は「選択」をして主体的に選び取る教育です。

そのなかには大きくは国公立と私立があって、近年では通信制もあり、あるいはAI時代到来で、にわかに注目されている国立の高専などもあります。

とくに注目されている近年の動向は、この「選択」が保護者の世帯収入によって格差をもたらすことがないように個人補助が充実され始めたことです。

これまで私立高校には、公費から助成金という名の「私立学校に対する補助金」が出されていますが、これを機関補助といいます。

これに対して個人に直接補助をすることを個人補助といいますが、それでも私立に出す親の教育費は年間で60〜70万円はかかります。そうなると保護者の世帯収入によって公立を選ばざるをえない、ということがこれまではありました。これは入学試験の成績による選抜ではなく、あらかじめ〈公立選択〉を余儀なくされているということなのです。

門前払いという言い方がありますが、門をたたく前に「行き先」が制限されているのは、本人のせいではないわけですから是正されてしかるべきということで、私立に進学させたくてもできなかった一定の世帯収入層に対しては給付金が支給されることになりました。

このため今春では、私立の単願出願（受験生が1校だけに決めて出願する、ほぼ合格が約束されている）が増大しましたし、公立では東京、神奈川で定員割れをするところがこの数年増大しています。それだけ支給金によって私立がより選択しやすくなったからです。今春、東京都では就学支援金給付の年収対象層を910万円まで拡大しましたから私立の単願はいっそう増えるでしょう。

選択のため「戦力」を身につける

この単願もそうですが、高校受験の場合、内申がモノをいいます。内申に対して、も

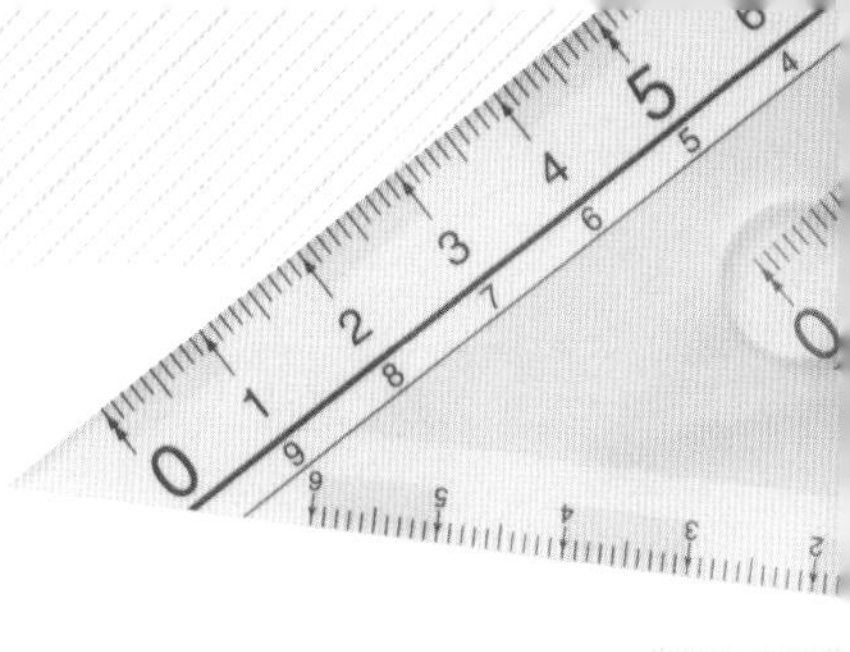

君が進むべき「この1年」とは

う1本の柱はいわずもがなですが学力試験です。公立では、その評価の比率は3対7から5対5まで様々ですが、後者の学力試験は事前の模擬試験等でほぼ予想できるため、内申と偏差値の2本柱が受験生の「戦力」となります。

この「戦力」は、公立の説明会が夏前の6月ごろにあり（私立は夏ごろからですが）その時点でのおよその「戦力評価」で受験対象校は絞られてきます。

受験生としてはまずはそこまでにどのような「戦力」が示せるか、また、本番前の入試相談（12月、中学の先生と高校の先生双方による、埼玉は保護者、受験生と高校の先生）までにどこまで伸ばせるか、また、学力試験は1・2月ですから学力試験に関してはこの本番までにどこまで試験学力をつけられるか、などなどいずれにしても「戦力」の自己認識をどこまで正確にとらえられるかが重要です。

私立の単願など推薦入試では学力試験はなくとも、最近は小論文、グループ面接など「非認知スキル」が一定の重みを持つ時代です。

とくに変化が予想される英語のスピーキングは、まさに「非認知スキル」を試すものです。「戦力」はこの場合、パフォーマンスをどこまで示せるかになりますから、外部検定試験などを利用してスキルを高めておくことが重要です。

結局、「選抜」され「評価をもらう」という受け身の態度のままでは、よりよい将来は手に入りにくいということです。

自ら学校を「選択」して、よりよい「評価をとる」という積極性が未来を切り拓くものになります。そのような学力観（文脈からいえば戦力観）の時代になったのだと思います。

そして評価は基準をもとにします。2通りあって集団準拠と基準準拠です。内申は建前では基準準拠ですが、各中学によって実際は基準が微妙に違います。しかし、かなり具体的です。

入試は定員数があるためおのずと集団準拠になり、学力試験はいわば偏差値そのものです。攻略法については、塾が「戦力」としてつくり込むことに優れていますから利用しない手はないでしょう。もっとも内申対策だってそれは同じことです。

こうして受験生は目標との差をどう埋めるか。1日を、そして1時間をどう使うかに自覚的になっていかなければなりません。

どうしてもペースが上がらないとなれば、ダウンして目標を下げるか、あるいは方法を変えるか、それこそ自分が主人公になって進路を開く方略を立てていくこと自体が成長につながります。

受験生としての1年間が成長を実感する1年になることを筆者は願っています。

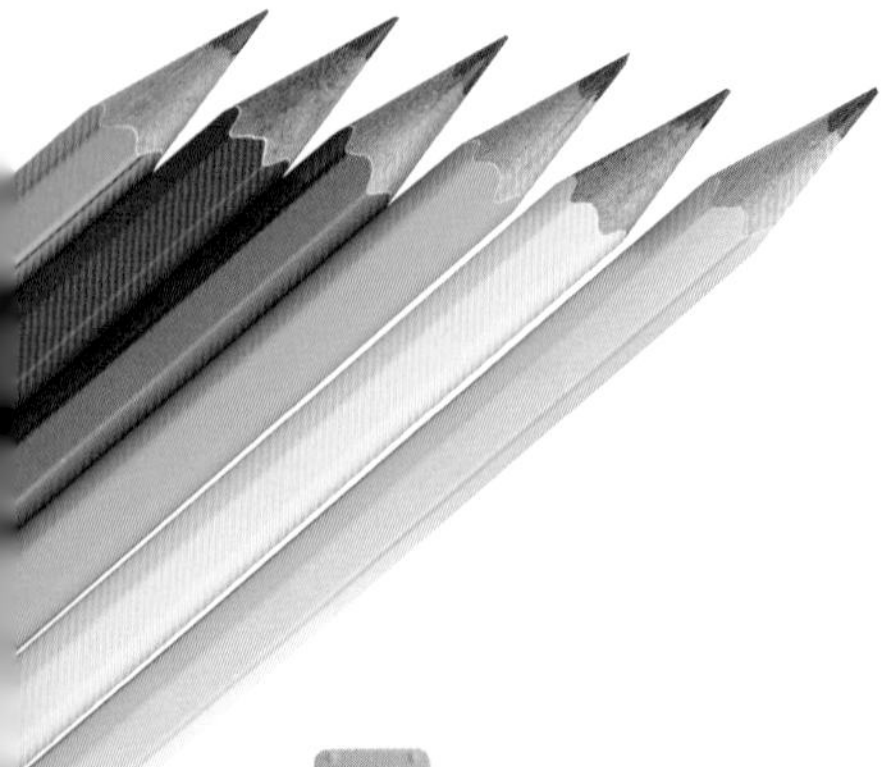

森上教育研究所
1988年、森上展安氏によって設立。受験と教育に関する調査、コンサルティング分野を開拓。私学向けの月刊誌のほか、森上を著者に教育関連図書を数多く刊行。

身近な不思議

ようこそ 気象学の世界へ

日々の気温や湿度から数十年に一度の珍しい気象の出来事まで、世界では様々な観測データがつねに記録されています。そうしたデータは、毎日の天気予報だけでなく、異常気象のメカニズムの解明といった研究にも使われているのです。今回は、意外と知られていない気象学の研究について、東京大学先端科学技術研究センターの小坂優准教授にお話を伺いました。

気象学の研究とは？

東京大学
先端科学技術研究センター
グローバル気候力学分野
小坂《こさか》 優《ゆう》 准教授

コンピューターでデータを解析 データサイエンティスト

Q 普段はどのように研究を進められているのですか。

コンピューターを使って、観測データを統計処理したり、コンピューターシミュレーションを行ってそのデータを解析していく、データサイエンスという方法で**気象学**の研究を行っています。

観測データは日本の、例えば気象庁によるものだけではなく、世界中の色々な国で観測が行われていて、それらによって地球全体を覆うデータが整備されています。

風向き、風速、**気圧**、温度、水蒸気量、雲の分布、雨の量など、様々なものがありますが、地球は1つしかないので、私を含め世界中のたくさんの気象学者が同じ観測データを元に研究を行っています。

また**モデル**を使ったシミュレーションも行います。観測データはせいぜい100年くらいですが、シミュレーションは何千年分も行うことが可能です。自分で行うだけでなく、世界中の研究者が公開しているシミュレーションデータも取得して解析します。

研究者というと、多くの方は実験をしたり観測をしたり、なにか、ものを作ったりというイメージを持つかもしれませんが、そうしたイメージとは少し違うかもしれません。

基本的にコンピューターの前に座って研究を行うデータサイエンティストです。気象の仕組みを理解するための研究をしています。

Q おもにどのようなことを研究されているのですか。

1つは**地球温暖化**です。じつは、地球温暖化があまり進んでいなかったようにみえた時期があり、そのメカニズムを解明しました。

ほかにもアジアの**異常気象**、なかでも日本の夏の異常気象は大きなテーマです。**熱波**など、持続的な異常気象のメカニズムを中心に研究しています。

異常気象は、1つの要因によって生じるものではなく、多くは複数の要因が影響しあって起こります。それも、ある現象とある現象のたんなる足し算で説明できるとは限らず、互いに影響を与えあう相互作用を考えなければいけないこともあります。ですから、異常気象のメカニズムを理解するために、そうした複合的な要因を解明しようとしています。

Q 日本の天候を研究するのになぜ地球全体のデータが必要なのでしょうか。

もちろん、日本の天候を直接決めるのは日本周辺の大気の状態です。ですが、日本周辺の大気がじつは日本から遠く離れた場所の大気状態から影響を受けます。これを**テレコネクション（遠隔影響）**といいます。

みなさんは「**エルニーニョ現象**」というものを聞いたことがありますか。これは、太平洋赤道域の日付変更線付近から南アメリカ大陸沿岸にかけて海面温度が上昇する現象ですが、これにより、大気の流れや気圧の分布が変わり、日本を含め、世界中の天候に変化が起こります。

キーワード

【気象学】
大気（地球を覆う空気）の状態など気象を対象とする科学。

【気圧】
大気の圧力。単位は hPa（ヘクトパスカル）。
周囲よりも気圧が高いところを高気圧という。北半球では、上からみたとき時計回りの風が、高気圧の周りを囲むように吹く。
逆に周囲よりも気圧が低い低気圧の場合、その周りを時計と反対向きの風が吹く（北半球の場合）。

【モデル】
シミュレーションを行うためのシステム。様々な種類がある。研究のためだけでなく、天気予報を行う際などにも使用される。

【地球温暖化】
地球全体の平均気温や海水温が上昇していること。その原因は二酸化炭素などの温室効果ガスの増加と考えられている。温室効果ガスは、赤外線を吸収し、再放出する性質を持っている。その性質により、太陽で暖められた地球の表面（陸や海など）から地球の外へ向かう熱を大気にため、再び地球の表面に戻してしまう（温室効果）。

【異常気象】
「異常」と聞くと、あってはならな

Q そんなに遠くの現象から影響を受けるなんて不思議ですね。

普段生活していると、日本で起こる現象だけに注目しがちですが、じつは世界中の現象はつながっているんです。そのことを意識して、私は研究室名に「グローバル」という言葉を入れて、「グローバル気候力学」としました。

同じデータを使って違う発見をする

Q 気象学を研究するうえで難しいと感じられることはなんですか。

だれもが手に入れられるデータのなかから、取り組むべき問題をどう見つけるかということです。

気象学の研究は、絵を描くことに似ているかもしれません。みんなが同じ風景を見ていても、それぞれ構図やなにをテーマに据えるかは異なり、結果的に違うものが描き上がる。気象学の研究も同様に、元のデータは同じでも、着目するところが違えば、異なるものが見えてきます。

そこが気象学を研究するおもしろさでもあるので、自分なりの問題を見つけて、その結果、だれも気づいていなかったことを発見できたら嬉しいですね。

Q 現在の研究に興味を持ったきっかけを教えてください。

幼いころに地球温暖化が問題になったことが興味を持ったきっかけの1つです。物理が好きだったのも大きいですね。

気象を研究することは自然の真理に一歩近づくことですし、異常気象のメカニズムを解明すれば世の中に貢献できると思ったのも、この研究を始めた動機です。

Q 気象学の研究にはどんな力が必要ですか。

それがわかれば苦労しないので私も知りたいです（笑）。

でも、まずは物理の勉強をしっかりとしてください。

そして、自分がしっかりと理解できるまで考える姿勢を身につけましょう。みんながこう言っているから周りの意見に流されるのではなく、自分の頭で考える。これまで積み重ねられてきた知識を学ぶことはもちろん大切なことです。しかし、そのうえで、本当に理解できているのか、違った理解の仕方があるのではないか、もっと突き詰めることができるのではないか、といったことを考えてほしいです。

Q 今後はどのように研究を進めていかれるのですか。

地球温暖化については、これまで地球規模で研究していたので、今後はもっと細かく地域ごとにどんな影響を受けているのかを調べていきたいです。

異常気象のメカニズムについてはさらに研究を深め、最終的にはその発生を予測できるようになれればと思っています。

私は、ほかの研究につながる研究、色々な人に新しい想像を与えられる研究がいい研究だと思っているので、そうした研究をしたいです。

いことが起きているとも感じるが、そうではなく、珍しい現象（過去に経験した現象から大きく外れた現象）をさす。一般的に、30年に1回以下の出現率で発生するもの。

【熱波】
4、5日、またはそれ以上にわたり、広範囲に、とても高い気温をもたらす現象。

【テレコネクション（遠隔影響）】
ある現象が起きたことによって、大気の流れや気圧配置が変わり、遠く離れた地域の天候に変化をもたらすこと。

【エルニーニョ現象】
太平洋赤道域の日付変更線付近から南アメリカ大陸沿岸にかけて、海面水温が平年より1～2℃、ときには2～5℃高くなり、その状態が6カ月～1年間続く。
反対に、低くなる現象はラニーニャ現象と呼ばれる。

【偏西風（17ページ）】
緯度30度～60度付近で発生する西から東へ吹く風。

【前線（19ページ）】
寒気団と暖気団との境界線。温暖、寒冷、閉塞、停滞の4種類があり、その動きと構造によって分類される。気団とは、広範囲で気温や水蒸気量がほぼ同じである空気の塊。寒気団は相対的に寒冷、暖気団は相対的に温暖なもの。

もっと知りたい！
気象学の素朴な疑問

天気予報について教えてください。

天気予報は、世界中の国々が観測している地球全体のデータをみんなで共有し、それをモデルに組み込んで行います。観測は３時間おきなど細かく行われていて、陸だけではなくて海の上、そして宇宙からも衛星を使ってデータをとり、それに基づいてモデルで予測します。

日々何気なく見たり聞いたりしている天気予報は、じつは世界中の色々な人の努力が積み重なって行われているものなんですよ。

地球温暖化が進んでいなかった時期があるって本当ですか。

下のグラフの２種類の観測値が示すように、2000年ごろから10年強の間、地球温暖化が停滞していたようにみえる時期があります。

その期間にはエルニーニョ現象があまり起こらず、ラニーニャ現象が続いたので、それが原因だと考えられます。ラニーニャ現象が起こると、地球全体の平均気温は少し下がることが知られているので、そうした自然変動が作用して、温度の上昇が進んでいないようにみえたのです。しかし、自然変動は振り子のようなもので、温度上昇が停滞している時期があったとしても、それがずっと続くとは限りません。2012年ごろから、地球温暖化は再び急速に進んでいます。

全球平均地表面気温 [°C]（1970-1999年平均からの差）

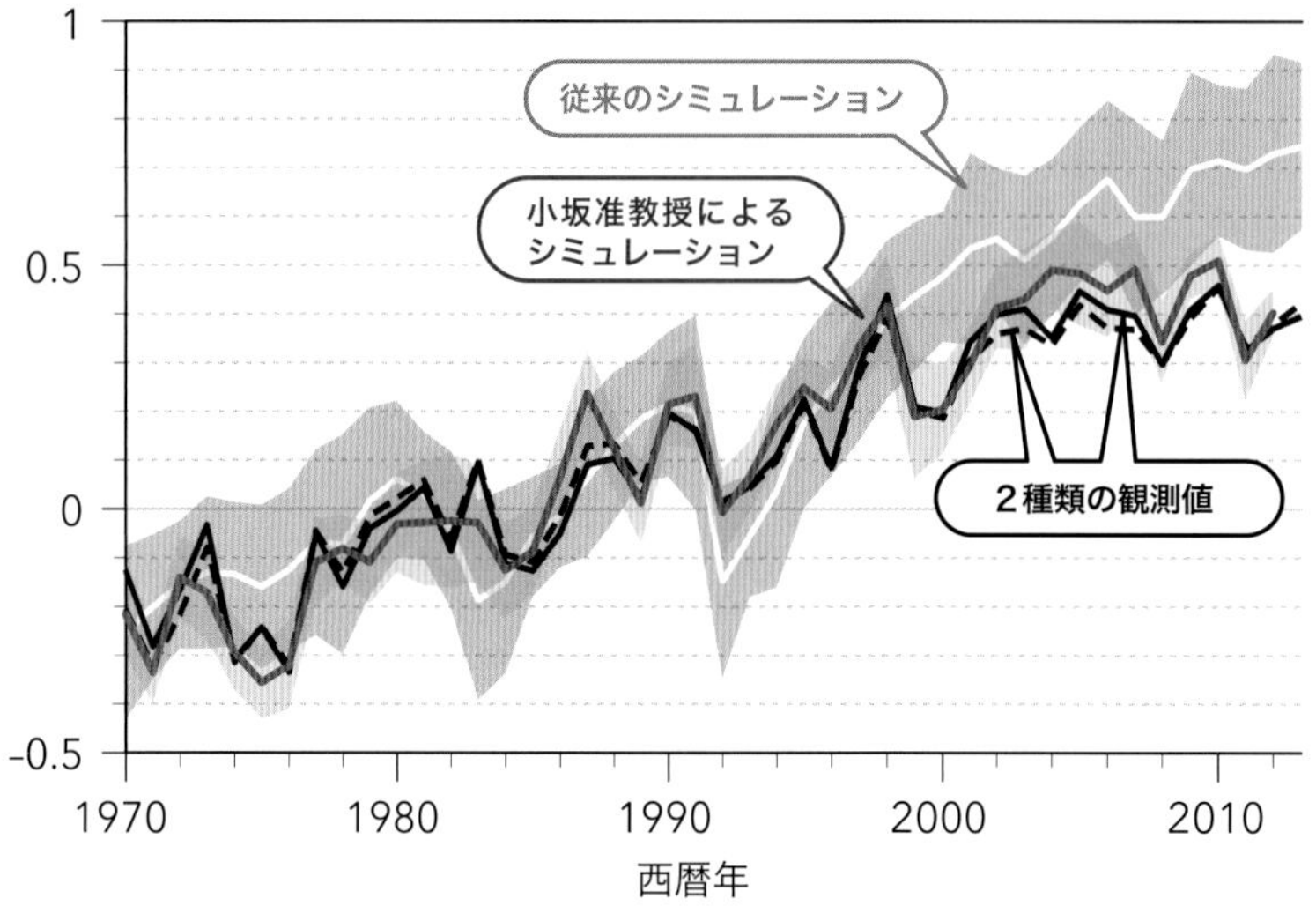

これまでシミュレーションできなかった温暖化の停滞を、エルニーニョ現象やラニーニャ現象による自然変動をモデルに組み込むことで、再現することが可能になりました。

エルニーニョ現象は、日本の天候にどう関係しているのでしょうか。

エルニーニョ現象が起こると、日本は冷夏になりやすいです。

まず変化が起こるのはインド洋で、エルニーニョ現象によってインド洋の海面水温が高くなります。すると、東南アジアのフィリピンなどを覆う低気圧の勢力が弱くなります。通常日本は夏になると高気圧に覆われ暑くなりますが、その高気圧が日本まで張り出しにくくなり気温が低くなるという仕組みです。

エルニーニョ現象のピークは冬（12月ごろ）で、インド洋では翌年の春ごろに最も平年と比べて暖かくなり、そして日本にはさらに時間が経った夏に変化をもたらします。

そのため、インド洋の海面水温を観測することで、数カ月後の日本の夏の様子が予測できます。また、エルニーニョ現象が発生するかどうかの兆候は、その年の春に現れることもあるので、それを調べることで、より前もって日本の夏の天候を予測できるのではないかと研究しています。

異常気象が起きる回数は、今後増えますか。

地球温暖化が進むと、気温がとても高くなる極端高温の頻度は増え、極端に気温が低くなる極端低温は減るでしょう。

元来、異常気象とは、例えば30年に1回以下などの低い頻度で起こる現象のことで、この定義にしたがえば異常気象の頻度は変わりません。しかし、これはいい換えると、いまは異常気象といわれるような現象が、温暖化した世界では異常でなくなる、ということでもあります。

台風やハリケーンは似たような現象に感じますが、どのように違うのでしょうか。

本質的には同じもので、地域によって言い方が異なります。北西太平洋でできるものを台風（英語でタイフーン）、北東太平洋と北大西洋で発生するものはハリケーンです。同じような現象が南半球やインド洋などでも起こり、それはサイクロンと呼ばれています。

エルニーニョ現象以外のテレコネクションの事例を教えてください。

2018年に日本で熱波が起きたのを覚えていますか。これもテレコネクションの事例の1つで、**偏西風**が影響していました。

偏西風は平均すると真っ直ぐに西から東へと吹いていますが、それが北や南に張り出すように蛇行する場合があります。これは西ヨーロッパのフランスやドイツで熱波が起こっていることが原因で、それによって偏西風が蛇行し、さらに日本に熱波をもたらします。この蛇行がシルクロードの上あたりを西から東に伝わるので、これをシルクロードパターンと呼びます。

250hPa（上空約10km）の風速

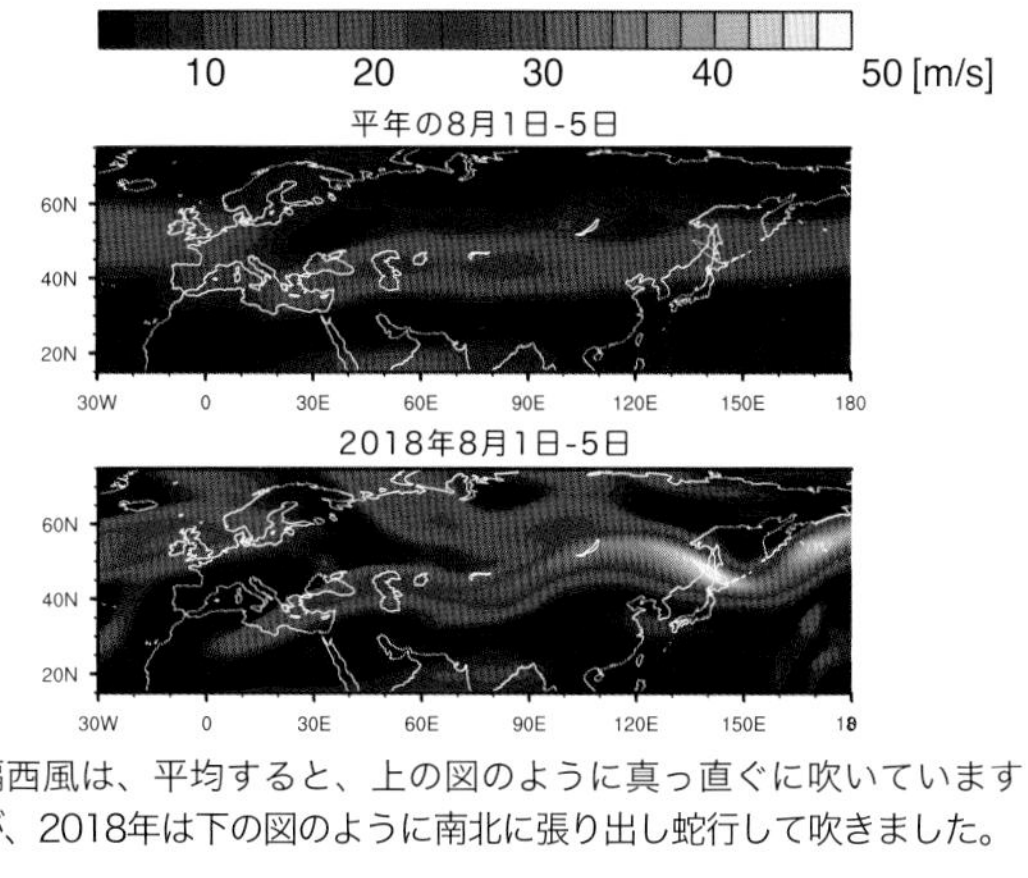

偏西風は、平均すると、上の図のように真っ直ぐに吹いていますが、2018年は下の図のように南北に張り出し蛇行して吹きました。

もうすぐやってくる 梅雨ってなんだろう？

本格的な夏の訪れを前に、数週間にわたって雨が降る「梅雨」。毎年6月ごろから7月にかけて起こる現象で、地域ごとにその時期は異なります。梅雨入りや梅雨明けのタイミングは関心を集めますが、そのメカニズムについては知らない方も多いのではないでしょうか。もうすぐ関東にもやってくる梅雨についても、小坂准教授にお聞きしました。

雨が降るメカニズム

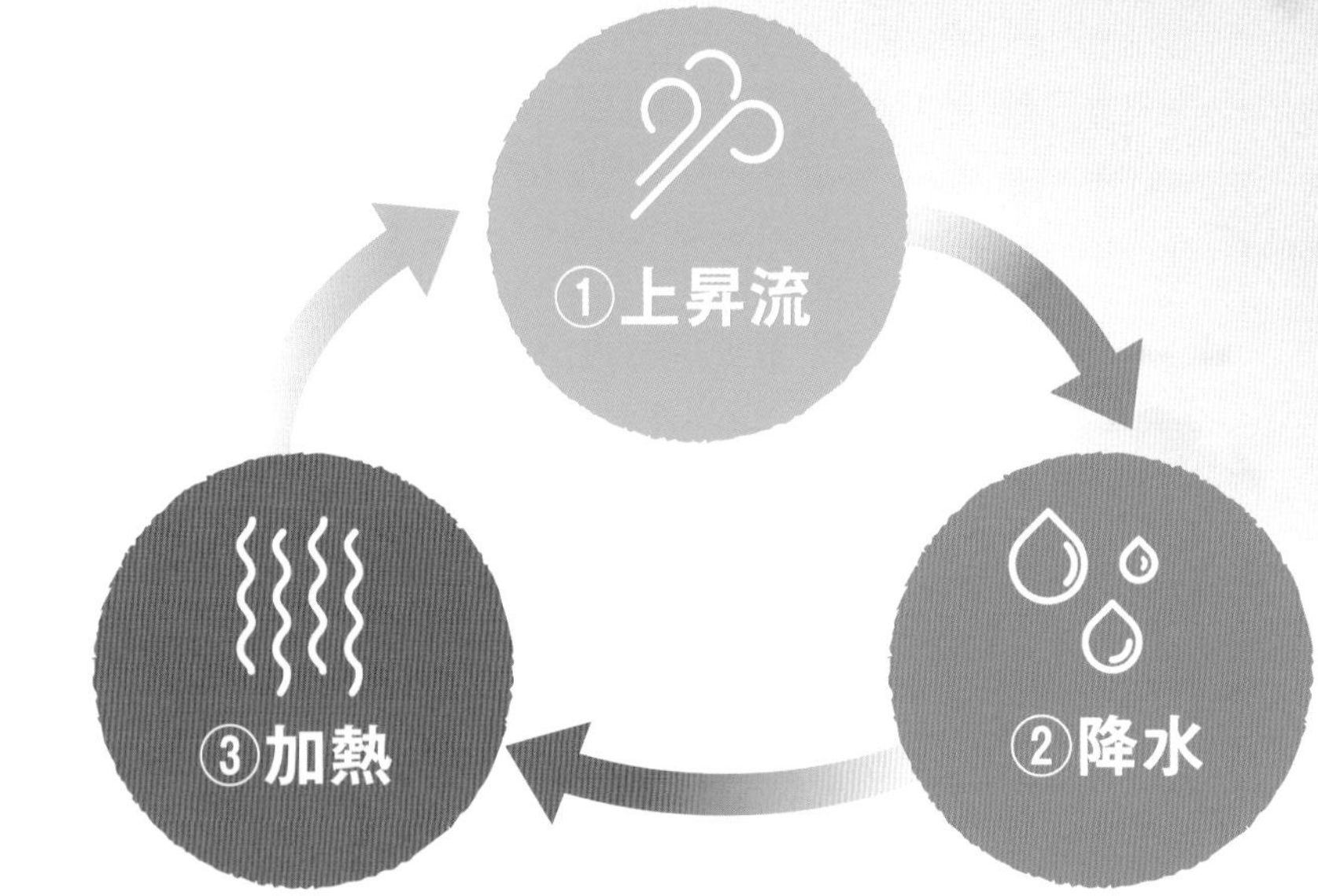

そもそもなぜ雨が降るのか、そのメカニズムをみてみましょう。大きくは3つの段階に分けることができます。

①大気が暖められることで軽くなり、地面付近の水蒸気が空にのぼっていきます。

②上空に持ち上がった水蒸気は、膨張して冷え、雲ができます。そのまま雲に水蒸気がどんどんたまっていくと、雨となって降り注ぎます。

③雲にたまった水蒸気が冷えて水滴となる際に、「凝結熱」という熱を出すことで、大気が暖められます。この「凝結熱」というのは、気体（水蒸気）が液体（水）へ状態を変化させるときに発生する熱のことです。

③で発生した熱が大気を暖めるため、また①の段階に戻ります。こうして、①→②→③が繰り返されているのです。

しかし、この仕組み自体を引き起こすきっかけについては諸説あり、まだ詳しくはわかっていません。観測データをもとに仮説を立て、こうしたメカニズムを調べていくのも、小坂准教授の研究の1つです。

梅雨は日本以外にもある？

毎年、日本の広い地域で起こる現象として知られている梅雨ですが、じつは日本以外でも同じような現象が起こっていることを知っていますか？

梅雨は東アジア（なかでも日本や中国南部、朝鮮半島）に特有の現象で、それは海と陸の位置が関係しています。夏に熱帯から湿った空気がもたらされる現象は、ほかの大陸の東側でもみられる現象ですが、大陸のなかでも面積が最も広いユーラシア大陸に属する日本や中国、韓国では、とくに顕著に表れているのです。

ちなみに日本でいう梅雨は、中国では「梅雨（メイユ）」、韓国では「チャンマ（「長い雨」の意）」と呼ばれています。

梅雨はなぜ起こる？

梅雨前線、という言葉を聞いたことがあるでしょうか。これは梅雨の時期に発生する停滞前線のことで、暖かく湿った太平洋高気圧（南）と、冷たく比較的乾いたオホーツク海高気圧（北）のはざまにできます。

２つの高気圧の勢力が押しあうことで、その境界線にある前線は南から北を行ったりきたりしますが、春から夏にかけては、オホーツク海高気圧の勢力が弱まるため、梅雨前線は徐々に北へと移動していきます。雨は前線に沿って降るため、南にある地域は梅雨入り・梅雨明けが早いのです。

このように、例年６月ごろから７月にかけて北上していく梅雨前線ですが、前線の南には暖かく湿った空気があるので、梅雨が明けると暑くてじめじめした夏が到来します。

６月中旬から７月中旬までの降水量を表した図

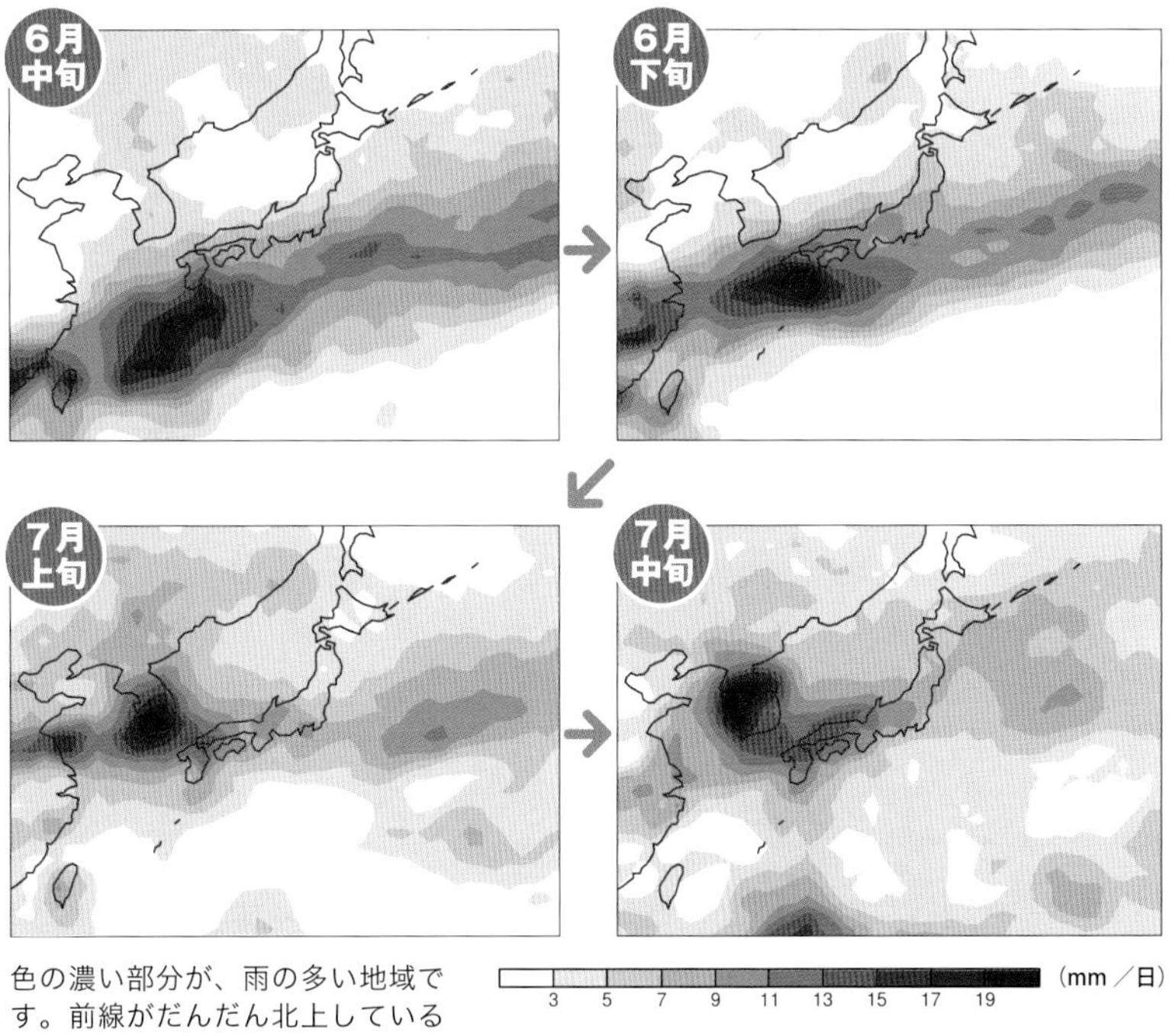

色の濃い部分が、雨の多い地域です。前線がだんだん北上しているのがわかります。

温暖化で梅雨はどう変わる？

近年は、温暖化による気温の上昇や集中豪雨の増加など、私たちを取り巻く気候にも異変が表れています。梅雨の期間や降水量は、温暖化による影響を受けて今後変わっていくのでしょうか。

気候変動については、様々なモデルを用いたシミュレーションによって予測されます。こうしたコンピューターによる計算では、温暖化が進むにつれて梅雨の期間の降水量は増え、梅雨明けの時期も遅くなるといわれていました。

しかし、温暖化のように長期にわたる膨大な観測データを扱う際には、ある地域特有の現象など限定的なものは正しく表れないこともあります。加えて、そもそも梅雨前線自体がどうやって形成されるかはまだ解明されていない部分が多く、正確に予測できているのかを確かめることは困難です。

気候のなかには色々な要因が影響しあって発生している現象がたくさんあり、梅雨もその１つです。そうした現象が今後どうなっていくか、という予測に説得力を持たせるためには、その現象のメカニズムを解明することが不可欠なのです。

おわりに

地球上のあらゆる地域で観測されたデータを使って、気象のメカニズムについて研究する「気象学」の世界をご紹介しました。世界中の研究者が、同じデータを色々な面から切り取って解析することで新たな知見を得ているというから驚きです。みなさんも、「わかった」と思っている物事を様々な角度から見直してみると、新たな発見ができるかもしれませんよ。

（本文中の画像は小坂優准教授提供）

Special School Selection ★★★

生徒1人ひとりの素質を花開かせ最大限に伸ばす教育

新校舎完成イメージ

東京都 荒川区 ● 男子校

開《かい》成《せい》高等学校

所在地：東京都荒川区西日暮里4-2-4
アクセス： JR京浜東北線、JR山手線、地下鉄千代田線、日暮里・舎人ライナー「西日暮里駅」徒歩1分
生徒数：男子のみ1197名
TEL：03-3822-0741
URL：https://kaiseigakuen.jp/

- 3学期制
- 週6日制
- 月～金6時限（7・8時限が選択授業）、土4時限
- 50分授業
- 1学年8クラス
- 1クラス約50名

開成高等学校は、2021年に創立150周年を迎える伝統ある男子校です。その教育について、2020年3月まで9年間、校長を務められた柳沢幸雄先生にお話を伺いました。
※取材は3月に行いました。

柳沢《やなぎさわ》 幸雄《ゆきお》 校長先生

「開物成務」を校名の由来とする伝統校

開成高等学校（以下、開成）の前身である共立《きょうりゅう》学校は、1871年、幕末の進歩的な知識人である佐野鼎《かなえ》によって設立されました。しかし、佐野鼎は若くして病に倒れ亡くなってしまいます。初代校長に就任したのは、その後総理大臣も務めた高橋是清です。1895年には校名を「開成」に変更。校名の由来となったのは、中国の古典『易経』にある「開物成務」という言葉でした。意味は、「人間性を開拓啓発し、人としての務めを成す」です。

柳沢校長先生は、「生徒の素質を花開かせ、将来は社会に出てきちんと働く人間に育てる。それが開成の教育です。素質というのは1人ひとり異なるものですから、教員からこういう力を伸ばしなさいという指導をすることはありません。それぞれの生徒がそれぞれに、自らの素質を最大限に伸ばしていくことが重要なのです」と話されます。

こうした教育を行うために大切にされているのが「ペンは剣よりも強し」「質実剛健」「自由」、そして「進取の気性」の精神です。自由な環境のもと、しっかりと学び確かな学力を身につける、外見を飾るのではなく内面を充実させる、そして、自主的、自律的に物事に挑戦していく。これが開成生の姿です。

居心地のいい環境で徐々に開成生になる

開成には、附属の中学校があり、300名が高校へと進級してきます。高校から入学する生徒は100名で、高1の1年間はクラスが別編成となります。

「附属の中学校から上がってくる生徒の数が多いため、高校から入る場合は不安を感じるかもしれません。しかし、それを考慮して高1では別クラス編成としています。同じ立場の生徒が周りにいることで、居心地よく安心して過ごすことができるでしょう。そのうえで、部活動や行事などでは、ほかのクラスの生徒とも交流し、徐々に開成生となっていきます。男子校なので、異性の目を気にすることなく、伸びのびと自分の好きなことに取り組めます」（柳沢校長先生）

附属の中学校では、数学の先取りを行い、また古文や漢文を丁寧に学んでいます。そのため、高校からの生徒には、数学を1時間多く設定し、古文や漢文は補講を実施するといった対応がなされています。

そして、高2からは混成クラスが編成されることになります。文系、理系といったクラス分けはされず、まんべんなく学べるカリキュラムが組まれています。

開成では、世界史は世界史を専門とする教員が、地学は地学を専門とする教員が授業を担当します。大学で専門的にその分野を学んだ教員が指導するので、生徒の知的好奇心に応える授業が可能になるのです。

定期試験や教員手作りの実力考査のほか、模擬試験も行っており、また、高3向けには夏期講習も実

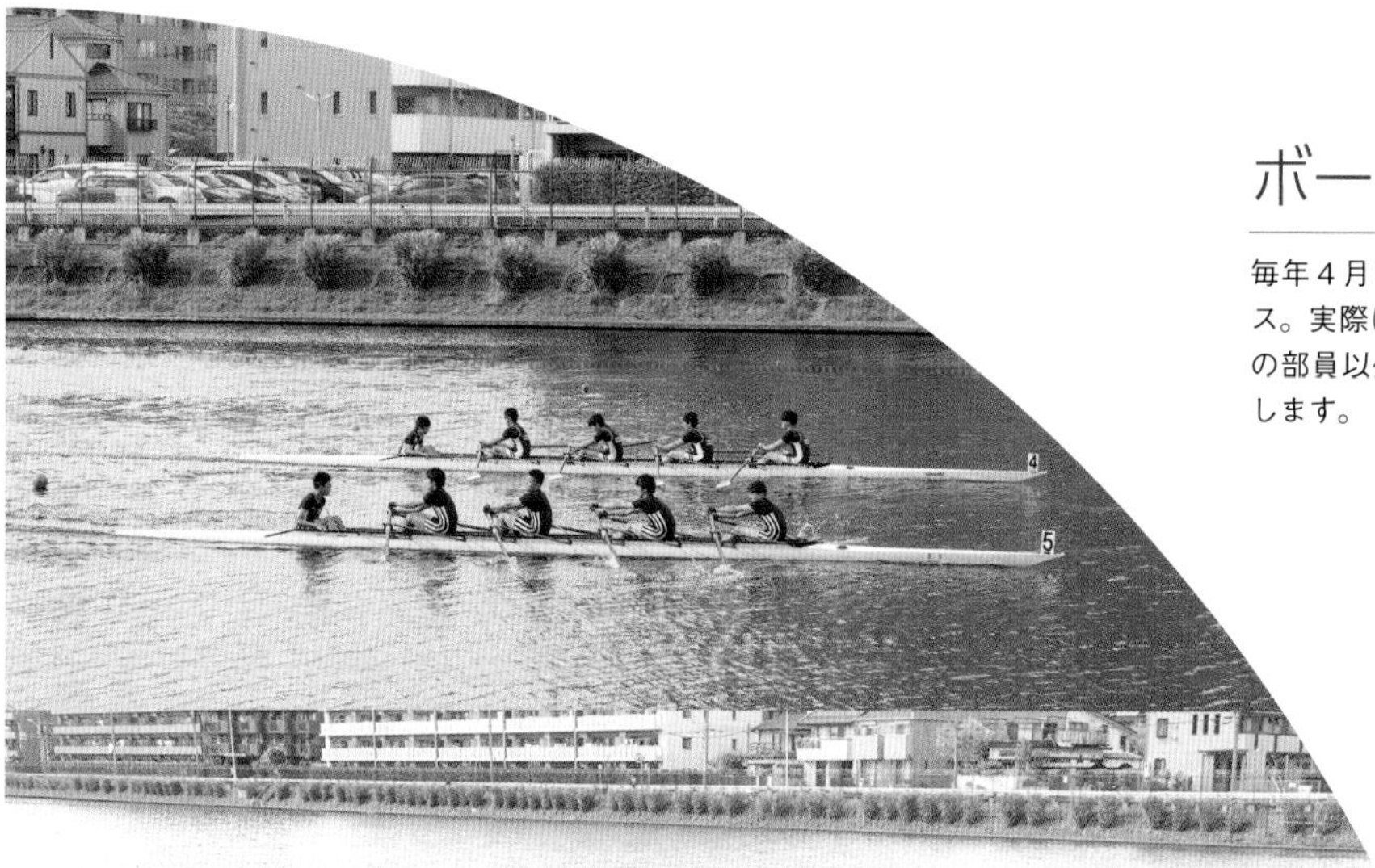

ボートレース

毎年４月に行われるボートレース。実際に競技をするボート部の部員以外も応援のために参加します。

運動会

運動会は開成生にとって思い入れが強く、とても盛り上がります。縦割りで団が組まれるので、先輩と後輩のきずなが密になる行事でもあります。

修学旅行

様々な体験ができる修学旅行。行き先や具体的な内容は生徒主体で企画されます。

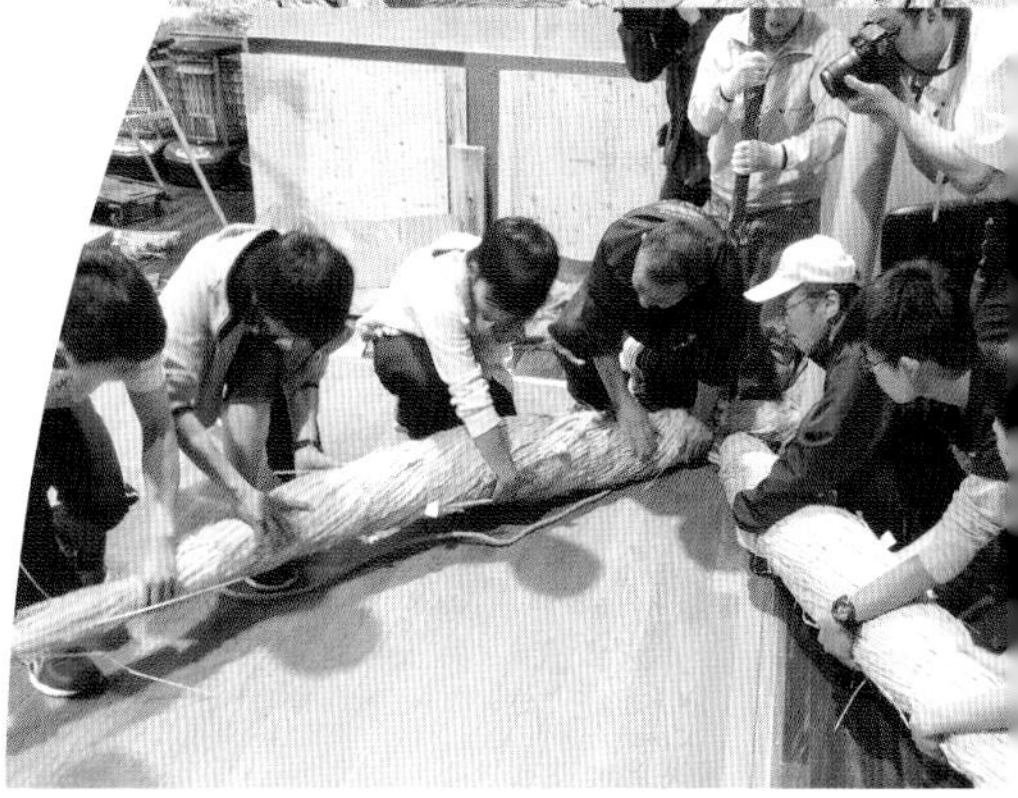

施するなど、生徒の学習をしっかりとサポートしています。

勉強以外も全力投球 最も盛り上がる運動会

前述したように、専門性のある高いレベルの授業が実施されている開成。毎年東京大学に多くの合格者を輩出していることもあり、勉強ばかりするイメージを持っている方も多いかもしれません。しかし、行事も盛んなのが開成の特徴です。例年、入学してすぐの4月にはボートレース、5月には運動会があります。

ボートレースは、筑波大学附属高等学校と合同で行われる行事で、両校のボート部が競います。部員以外の生徒は、応援団の指揮のもと、一丸となって応援に臨みます。

運動会は、開成で最も盛り上がる行事です。縦割りで団が組まれ、高3が後輩を引っ張っていきます。赤、青、緑など8色に分かれて棒倒しや騎馬戦といった男子校ならではの迫力ある戦いを繰り広げます。そして、競技を行うだけでなく、団ごとに応援歌や畳24枚分の大きさにもなる絵（アーチ）を作るのも特色です。

荒川の河川敷で行われる開成マラソン。全生徒が8㎞の距離を走ります。

「アーチのデザイン、作詞・作曲も各団の生徒が担当して、毎年新しいものを作っています。作曲は高校生には難しいと思われるかもしれませんが、色々な素質を持った生徒が集まっているので、なかには作曲のすばらしい才能を持った生徒もいます。音楽の選択科目には『作曲』があるので、そこでの学びも活かしつつ、毎年８つの応援歌ができあがります。

チームを引っ張るのは高３です。戦略を立てて後輩たちのやる気を引き出し、運動会が終わると、その戦略を高２へと引き継ぎます。高２から高３へ上がる際にはクラス替えをしないので、高２はその戦略をほかのクラスにもらすことなくさらに練り、翌年の運動会に臨みます。開成生にとって運動会はとても思い入れのある行事なのです」（柳沢校長先生）

運動会が終わると、高３は受験勉強に専念しますが、高１には学年旅行、高２には修学旅行が待っています。

文化祭

運動会同様、生徒が主体となって企画、運営される文化祭。例年９月に実施され、約３万人が来場します。

学年旅行も修学旅行も、生徒たちが主体となって企画、運営されます。行き先も、生徒が案を出して、ほかの生徒にプレゼンテーションし、投票により決める形です。その後の具体的な内容の決定、旅行会社との打ち合わせ、パンフレット作り、現地での見回りなども、各クラスから選出された旅行委員が中心となって行います。

「自分たちの案をほかの人にプレゼンテーションする、みんなの意見を取り入れながら、１つの案に絞っていく。このことが生徒にとっては貴重な経験になるでしょう。そこで培われる力は、将来、ほかの人と協力して物事を進めていく際に、きっと役立つはずです」（柳沢校長先生）

このほか、１９０６年から行われている開成マラソン、例年約３万人が訪れる文化祭などの行事があります。

また多くの生徒が部活動にも取り組んでおり、同好会を含め、運動部、文化部合計で約70の団体があります。

存分に部活動ができるよう、授業は８時10分開始と早めに設定されています。放課後も、それぞれの素質を花開かせるために、生徒１人ひとりが有意義に使うことができるのです。

大事なのは生徒の希望 海外大学進学もサポート

開成では、進路指導においても生徒の主体性が大切にされています。

「東京大学に進学する生徒が多くいますが、教員からどこの大学をめざしなさいと指導することはありません。あくまでも生徒の希望が第一です。生徒自身が将来こうなりたい、この職業につきたいという気持ちを持つことが重要だと考えています。なかには、海外の大学へ行きたいという生徒もいますので、そうした場合も、1人ひとり丁寧にサポートしていきます」と柳沢校長先生。

キャリア教育においては、卒業生と交流する機会が用意されています。

「ようこそ先輩」では各界で活躍する卒業生の話を聞いて、自らの将来について考えます。

また、「カレッジフェア」では、海外の大学やサマースクールに関する情報が提供されます。ここでも海外大学に進学した卒業生の経験談を聞くことができます。

授業に行事に部活動にと、充実した学校生活を送れる開成。

最後に柳沢校長先生に中学生のみなさんへのメッセージを伺うと「なにか夢中になれるもの、興味を持てるもの、おもしろいと感じるものを持ってください。それはいくつでも、なんでもかまいません。人と違っていいんです。開成で自分の素質を最大限に伸ばし、将来に向かって、大きく成長していきましょう」と話されました。

開成は、2021年に開校150周年を迎えます。それを記念し、現在校舎の建て替え工事を行っています。また2020年度からは新たに野水勉先生が校長先生に就任されました。これまでの伝統を土台として、今後新たな歴史を刻んでいく開成に、さらなる期待が寄せられます。

施設

校舎は、「西日暮里駅」から徒歩1分と交通至便な場所にあり、広々としたグラウンドなどの施設も整っています。

写真提供：開成高等学校

■2019年3月卒業生 大学合格実績抜粋 （ ）内は既卒

国公立大学		私立大学	
大学名	合格者数	大学名	合格者数
北海道大	4（3）	早稲田大	222(111)
東北大	10（4）	慶應義塾大	195（95）
筑波大	8（1）	上智大	20（6）
千葉大	22（9）	東京理科大	50（32）
東京大	186(46)	青山学院大	8（7）
東京医科歯科大	9（3）	中央大	23（18）
東京工業大	13（3）	法政大	7（5）
一橋大	12（7）	明治大	58（49）
京都大	9（2）	立教大	5（4）
大阪大	5（2）	学習院大	1（1）

【編集部より】冒頭でお知らせしたように柳沢校長先生は3月に退任されました。しかし、取材をお受けいただいていたこと、新型コロナウイルスでの外出制限などで新たな取材が難しかったことに加え、開成高等学校のことを知りたいというニーズが多いことなどに鑑み、今月号での掲載にいたりました。新校長の野水先生には日を改めてお話を伺うことといたします。

公立高校WATCHING

東京都立 西《にし》高等学校 ●共学校

「器の大きな人間」を育てる「文武二道」「自主自律」の精神

都内屈指の大学合格実績を誇る東京都立西高等学校。進学校として学力を高める教育が充実しているのはもちろんのこと、教養を身につけるための取り組みや、国際理解教育などで、「器の大きな人間」を育てるための教育に力を入れています。

2つの道を極めて西高生となる

1937年に府立第十中学校として設立、1939年に現在地へ移転、1950年に現校名となった東京都立西高等学校（以下、西高）は「国際社会で活躍できる器の大きな人間の育成」をめざす、東京を代表する都立高校の1つです。

教育理念に掲げるのは「文武二道」「自主自律」の2つです。そのうち「文武二道」はあまり聞きなれない言葉かもしれません。ここでいう「文」とは学習・教養、「武」とは行事・部活動・課外活動などをさし、それら2つの道を〝極める〟ことで「文武両道」と異なり、これこそが「西高生の証」だと西高では考えられているのです。

そのため生徒は、「授業で勝負」という合言葉のもと行われる質の

萩《はぎ》原《わら》 聡《さとし》 校長先生

所在地：東京都杉並区宮前4-21-32
アクセス：京王井の頭線「久我山駅」徒歩10分
TEL：03-3333-7771
生徒数：男子506名、女子470名
URL：http://www.nishi-h.metro.tokyo.jp/index.html

- 3学期制
- 週5日制
- 月・水・金7時限、火・木6時限
- 50分授業
- 1学年8クラス
- 1クラス約40名

高い授業や、豊かな教養を身につけるための講演会などの取り組み、生徒中心で運営する行事や部活動といった様々な活動に力を注ぎながら、充実した日々を過ごしています。

生徒の様子について萩原聡校長先生は、「高校3年間は想像以上にあっという間に過ぎてしまうので、生徒たちはその限られた時間のなかで、勉強に、行事に、部活動に、と忙しく活動しています。

このように様々なことに一生懸命取り組み、多様な経験をしていくなかで、自分の土台をしっかりと築きながら、たくましく、大きく成長してくれていると感じます。そんな彼らがやがて『国際社会で活躍できる器の大きな人間』へと育ってくれることを願っています」と話されます。

3学期制が始動 魅力的な各種講座も

高1・高2のカリキュラムは、文系・理系に偏ることなく、芸術科目を除き共通履修で幅広く学ぶものになっています。高3になると進路希望別にゆるやかな文理に分かれ、必修科目に加えて自由選択科目を履修します。そして、各学年で前述のように「質の高い授業」が行われていくのです。なお、古文、数学、英語においては習熟度別授業を実施し、きめ細かく指導しています。

また、2019年度に2学期制から3学期制へと変更したことについて「3学期制になり、年に3回成績票を渡すことで、これまでの学習状況の振り返りや、その後の学習に活かせるようにしました。生徒からも、長期休業を区切りとできるので『学習面においてけじめをつけやすくなった』という声が聞こえてきます。なお、行事などは従来通り実施しています」と萩原校長先生。

教養を身につけるためには、図書館の蔵書を約4万冊と充実させて月2冊を目安に実施する「読書指導」、高2の自由選択科目に設置する「第二外国語講座」（ドイツ語・フランス語・スペイン語・中国語・ハングル）など、様々な取り組みを用意しています。

西高ならではの各種講座も魅力的です。例えば西高の教員が講師となって展開する「土曜特別講座」は、大学受験に関するものから、生徒の知的好奇心を刺激する校外学習を含むものまで多彩な講座がそろいます。

社会の第一線で活躍する卒業生による「訪問講義」も特徴的です。2019年度はテレビ局プロデューサーや大学教授、社長などを招き、「見たい！伝えたい！を仕事に…TVの現場最前線」「人工知能時代に必要な文理融合的視点」「世界のソフトウェア化の中で求め

西高生たちが白熱した戦いをみせる運動会

インドネシア姉妹校との交流

アメリカ研修

国際理解教育

アメリカやインドネシアでの研修に加え、校内でもオンライン英会話レッスンをはじめとする取り組みを実施しています。

オンライン英会話レッスン

られるスキルとマインドセット」といったテーマで実施しました。2020年度も「宇宙工学エンジニアから下町ロケット経営者へ（はやぶさから太陽の塔まで）」というテーマでの講演をはじめ、各界で活躍する卒業生を招く予定です。

ほかにも、2019年度は、東京大学、慶應義塾大学、早稲田大学などの教授らを招いての公開シンポジウム「西高フォーラム」（テーマ：「人類が辿ってきた道～400万年前から現在、未来へ～」）、西高会（西高、同窓会、PTA）が主催する「西高の夕べ」（JR東海取締役名誉会長による講演と、西高OB吹奏楽団による演奏会）が開かれました。どちらの登壇者も西高の卒業生ということからも、西高がいかに幅広い分野へ卒業生を輩出しているかがわかります。

このような取り組みは、教養を深めるばかりか、自身の将来像をイメージするためのキャリア教育の一環としても大きな意味を持っています。

国内外で行う国際理解教育

「東京グローバル10」に指定されている西高では、西高の教員が独自に作成したワークシートを使っての「オンライン英会話レッスン」、各国出身の留学生とディベートなどをしながら5日間過ごす「エンパワーメントプログラム」を行うなど、国際理解教育にも力を入れています。その一環として行われている「アメリカ研修」について、萩原校長先生に説明していただきました。

「2020年3月に実施予定だった第7回の研修は、新型コロナウイルス感染症の感染拡大を受け、中止となりましたが、本来は高1・高2の希望者（40名）対象に、10日間の日程で行っています。

昨年の第6回の研修は、現地の大学生や高校生からリーダーシップ、世界観、コミュニケーション力を学び、自らの将来像を描くきっかけを得て、世界でたくましく行動する人材を育てることを目的に実施しました。

おもにボストン

様々な取り組み

数多くの特色ある取り組みを展開する西高。視聴覚ホールは講演会などで活用されています。

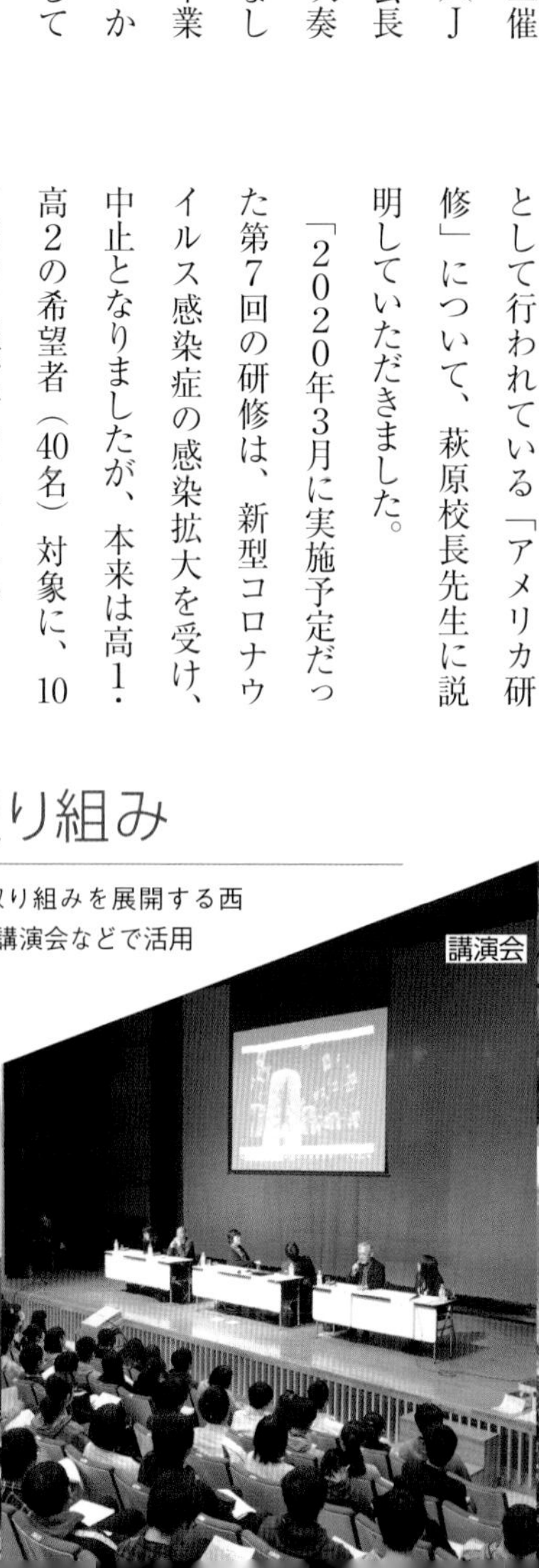
講演会

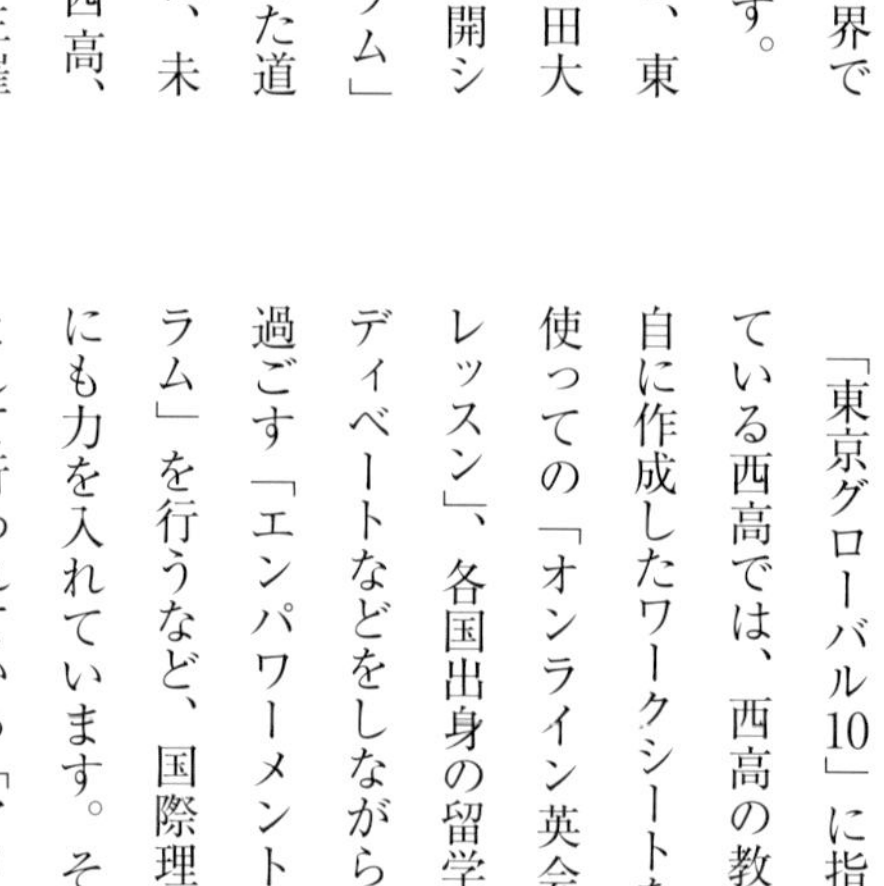
チューター制度

三宅島での野外実習

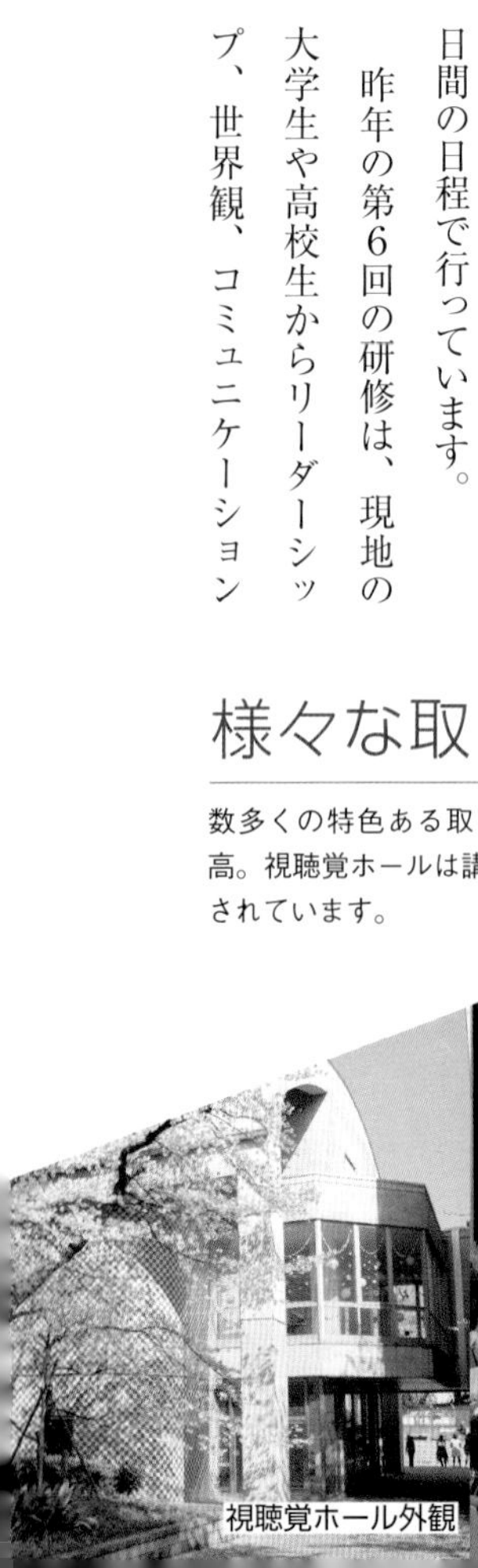
視聴覚ホール外観

とニューヨークに滞在し、ハーバード大学での講義、マサチューセッツ工科大学の研究所訪問、ポーツマス高校での授業・交流、国連本部訪問、同窓生との懇談など、濃密な10日間を過ごした生徒たちは、アメリカの同世代の学生から多くのことを学び、帰国後も日々の学校生活に活かしています」

さらに2018年度からは、インドネシアの学校との姉妹校交流がスタート。現地でホームステイしながら異文化を学びあい、現地校の生徒と仲を深めています。

丁寧な進路指導で難関大学合格を実現

西高は丁寧な進路指導にも定評があります。まず高1のうちから進路指導計画をまとめた『進路ノートI』を配り、早い段階から受験を意識させていきます。『進路ノート』は「進路に関してのシラバスのようなもの」（萩原校長先生）で、個人面談シートや夏休みの学習計画の立て方、定期考査・校内実力考査の活用法などが載っており、これをもとに受験に向けた取り組みを進めていきます。このノートは高2・高3でも配られます。

さらに、過去の校内実力考査や大学入試センター試験の成績と、卒業生の合格大学の関連性をデータにまとめた『進路のしおり』、進路指導にまつわる様々な情報を盛り込んだ『進路部だより』をはじめとする配付物を定期的に発行。

平日の放課後に卒業生が在校生の相談にのってくれる「卒業生チューター制度」などもあります。

もちろん、長期休暇中には、各学年で「質の高い講習」を用意し、万全のサポート体制を整える西高。こうした教育を通して、毎年多くの卒業生を難関大学へと送り出しているのです。

「本校は、2018年度から、東京都教育委員会よりBYOD研究校の指定を受け、教室内にWi－Fiを整備し、スマートフォンをはじめとする機器を活用した探究活動などを行ってきました。さらに、2020年度新入生からはタブレットPCの使用を推奨し、様々な教育活動で活用しています」と萩原校長先生が話すように、西高は時代に応じた教育を展開しながら、これからも「器の大きな人間」を育成していきます。

施設

学習スペースや過去問収納棚など、生徒が自主的に学べる環境が整えられているのも魅力的です。

■2020年3月卒業生　大学合格実績抜粋　（　）内は既卒

大学名	合格者数
国公立大学	
北海道大	18(9)
東北大	14(5)
筑波大	6(2)
東京大	20(6)
お茶の水女子大	5(2)
東京医科歯科大	4(1)
東京外国語大	12(5)
東京工業大	9(6)
東京農工大	13(4)
一橋大	12(1)
京都大	22(18)
大阪大	7(1)

大学名	合格者数
私立大学	
早稲田大	128(70)
慶應義塾大	82(38)
上智大	43(16)
東京理科大	114(67)
青山学院大	13(8)
中央大	89(52)
法政大	57(40)
明治大	161(100)
立教大	59(30)
国際基督教大	3(1)
学習院大	12(8)
津田塾大	19(6)

画像提供：東京都立西高等学校

その研究が未来を拓く

研究室にズームイン

浮体式洋上風力発電と波力発電に関する研究

横浜国立大学
海洋空間利用工学研究室
村《む》井《い》基《もと》彦《ひこ》 准教授

中学生のみなさんにはあまりなじみがないかもしれませんが、日本には数多くの研究所・研究室があり、そこではみなさんの知的好奇心を刺激するような様々な研究が行われています。このコーナーではそんな研究所・研究室での取り組みや施設の様子を紹介していきます。今回は、海の活用法を様々な視点から考える、横浜国立大学の村井基彦准教授の研究室をご紹介します。

写真提供　海洋空間利用工学研究室

©bigmouse / PIXTA

村《むら》井《い》 基《もと》彦《ひこ》

東京大学工学部船舶海洋工学科卒業、同大学大学院前期博士課程修了後、助手となる。1999年より横浜国立大学大学院で勤務し、工学研究科助教授、環境情報研究員助教授などを経て、現在は環境情報研究院准教授、理工学部准教授などを兼ねる。

海の活用法を考える「海洋空間利用工学」

「海の研究」と聞いて、みなさんはどんな研究を思い浮かべますか？海洋生物や潮流、海底の地質や堆積物についてなど、様々なものがありますね。今回ご紹介する横浜国立大学の村井基彦先生は、海の研究のなかでも海の上手な活用法を考える「海洋空間利用工学」が専門で、超大型浮体式構造物（メガフロート）や波力発電の研究をしています。

中学生のころから海が好きで、休日はよく釣りをしていたという村井先生。そのときから将来は海に携わる仕事がしたいと考えていたそうです。ただ、海が好きといっても興味があったのは生物や地質ではなく、「まちづくり」や「都市開発」につながる「海をどう上手に使うか」ということでした。

そして村井先生は東京大学の船舶海洋工学科へ進学。そこでメガフロートの研究に出会います。メガフロートとはその名の通り、海に浮かぶとても巨大な構造物のことで、海上空港などもその1つです。

「海上に構造物を作る方法で広く知られているのは、埋め立てでしょう。ただ埋め立ては、周辺の環境を変えてしまうというデメリットがあります。私も昔、埋め立てによって釣れる魚が変わったという体験をしたことがあります。

一方、浮体式は環境への影響が少ないですし、水深を選ぶことなく設置できます。しかも使わなくなったら撤去ができるので、その点からも『海をうまく利用している』構造物だと思います」と語る村井先生。

浮体式洋上風車の様々なメリット

まずはそうした浮体式構造物の一種・浮体式洋上風車について紹介します。海底に固定せず海に浮かべた風車のことで、海に囲まれた日本にとって有益な風力発電装置だと、近年注目を集めています。

東日本大震災を機に原子力発電の安全性が問題視され、現在電力のほとんどが火力発電によってまかなわれています。しかし、日本は世界有数の電力消費国でありながら資源に乏しく、火力発電の燃料（石油・石炭・天然ガス）の多くは輸入に頼っている状況です。

火力発電には安定した電力を安全に供給できるという利点がありますが、資源を輸入に頼っていること、いつかは資源が枯渇すること、発電時、大量にCO_2を排出して環境に悪影響をおよぼすことなど、課題が多い発電方法ともいえます。

そこで近年、資源が枯渇する心配がなく環境にも優しい発電として需要が高まってきたのが、風力や太陽光、地熱といった再生可能エネルギーを活用した発電です。洋上風車には、装置を海底に固定する着床式のものもありますが、遠浅※の海域が少ない日本は水深にこだわらず設置できる浮体式の方が、将来性があるとされています。

「陸では風車を山に建設することが多いと思います。たしかに山は風がよく吹きますが、でこぼこしているので風向きや風速が不安定で発電量も安定しません。それに落雷も心配です。一方海は平坦なので、風が

村井先生が国内実証実験の様子を見学に行ったときに撮影した洋上風車。上は福島県沖合、下は北九州市沖合での実験です。

※岸から遠くの沖まで水深が浅いこと

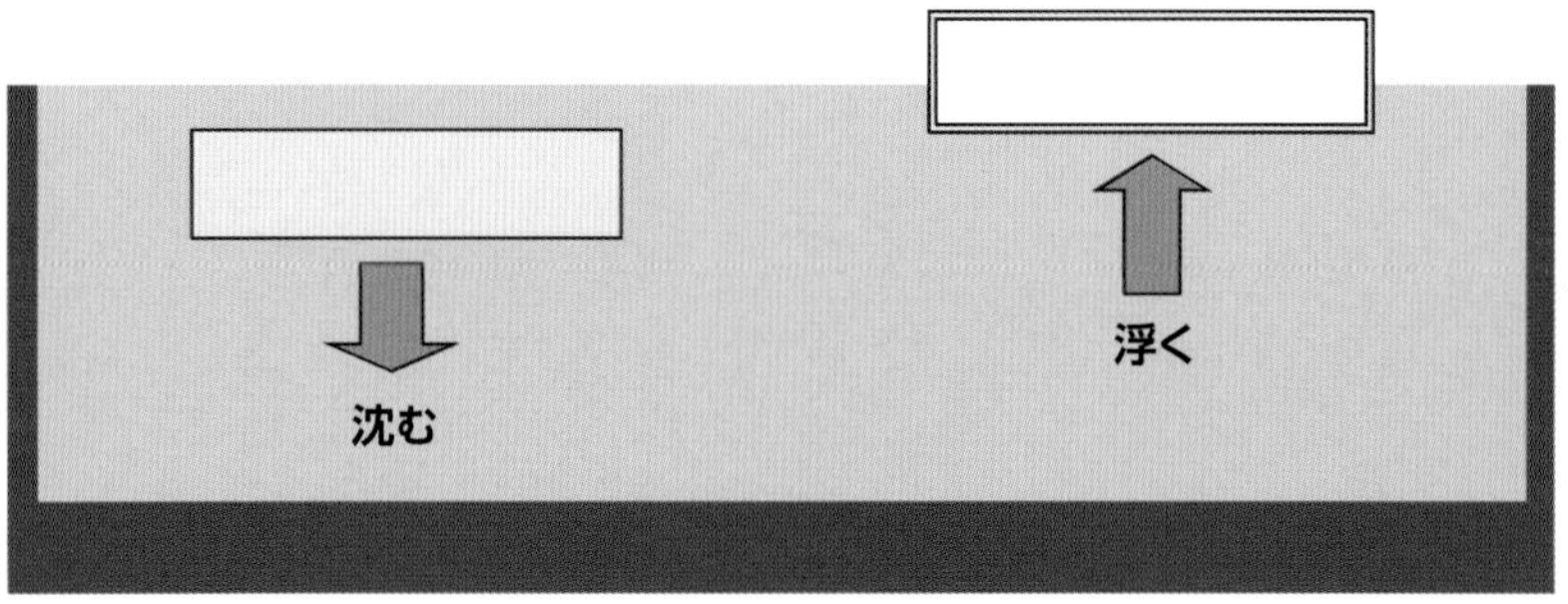

風車を支える浮体は鉄で作ります。重くて沈んでしまうのでは？　と心配になりますが、「浮くかどうかに材料の重さは関係ありません。これは『浮力』の働きによるものです。例えば、なにも入れていない状態のお椀は海に浮かびますが、いくらお椀が軽くてもそこに水を入れたら沈んでしまいますよね。つまり、物体が押しのけた水の量（重さ）と物体の重さが釣り合うと浮くので、図のように浮体の内部を鉄の箱のように空洞にして軽くしておくと、浮くことができます。船が浮いているのも同じ原理です」と村井先生は説明されます。

大阪大学の研究室などと共同で行った浮体式洋上風車の実験。風車の羽の形状は同じものを使っていますが、浮体の種類は様々です。

乱れることなく安定して吹き、結果的に発電量も安定します。雷も山よりずっと少ないのです。これが海に風車を作る一番のメリットで、なんと海上の風力エネルギー賦存量《ふぞん》（理論上、存在している量）は陸上の14倍だといわれています。

　また、陸上で風力発電施設を作ると周辺住民との調整が大変だと思います。海は漁業者の方との調整はいるものの、陸より生活に影響を受ける方が少ないので比較的調整しやすいのではないでしょうか。とはいっても、海に浮かべても安全な構造物を作るのは簡単ではありません。沈まないこと、揺れないこと、壊れないことが大切で、私は『揺れにくい構造物』を作るための研究に注力しています」（村井先生）

浮体の揺れを軽減するため水槽実験や数値計算を実施

　浮体は流れてしまわないよう鉄のチェーンやワイヤーロープで海底に係留します。それだけでは揺れは減らないため、どうすれば浮体の揺れを軽減できるか、村井先生は様々な浮体の模型を作って実験しています。

　浮体の種類はスパー型、セミサブ型、ＴＬＰ型の３つです。現在国内で進められている3例の浮体式洋上風車の実証実験はスパー型とセミサブ型のため、ここではこの2つについて説明します。

「スパー型の形状は縦長の円筒なので、作るのも簡単で材料も少なくて済むメリットがありますが、海に立たせるのが大変なんです。みなさんも箸が海に立っていたらびっくり

スパー型

セミサブ（三角・三脚）型

セミサブ（三角・四脚）型

TLP型

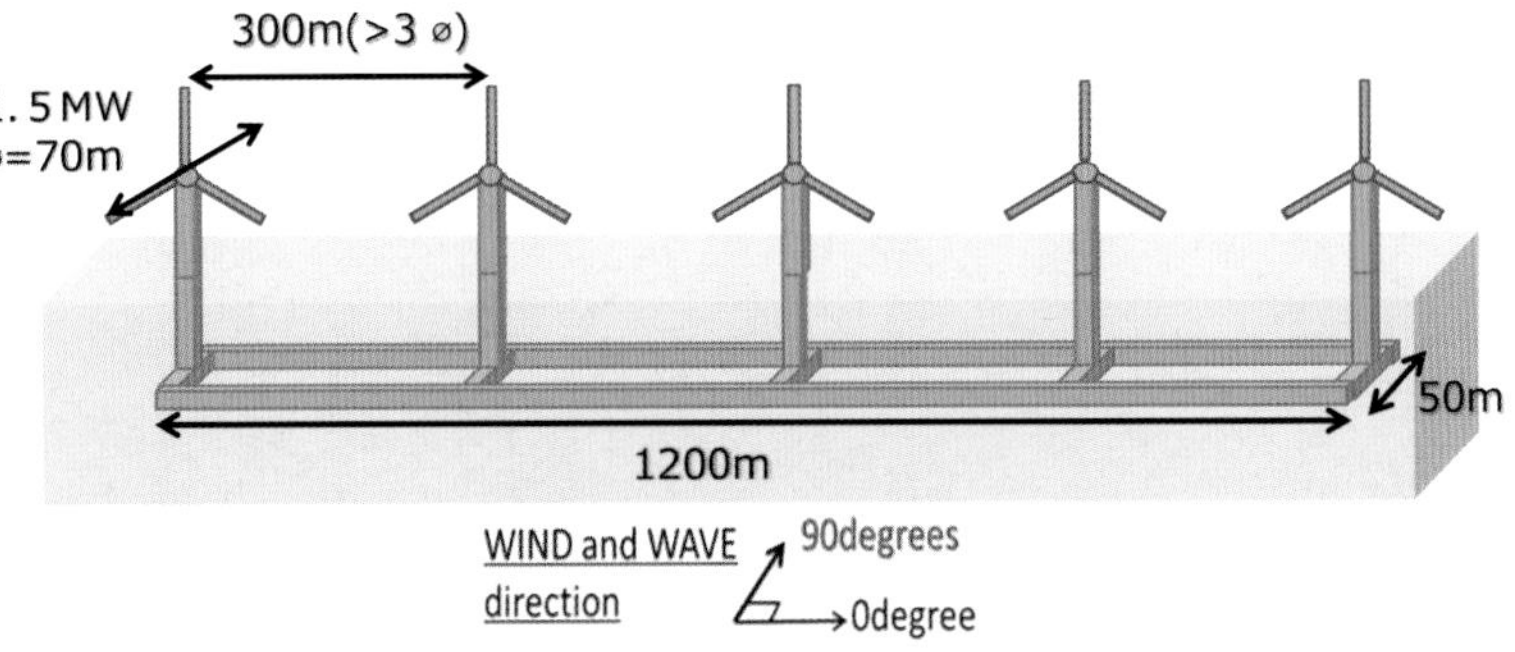

村井先生が考え出した、浮体式風車を連結する方法です。複数の風車をつなげば、係留も少なく済みますし、起こした電気を1カ所に集約できるなど、色々な利点があります。

しませんか？　倒れないように重心をかなり下の方に設計する分、円筒も長くなるので水深が深いところでないと使えません。

セミサブ型は三角形（または四角形）の浮体（足）が半分海に沈んでいる形状です。足がある分、安定感がありますし、海に沈むのは浮体の半分なので水深が浅くても使えます。スパー型は水深が約１００m必要ですが、セミサブ型は約20mで済むといわれています。ただ、セミサブ型にも弱点はあり、材料が多くなったり、作りが複雑で手間がかかったり、施設が高価になりがちです。

どちらにもそれぞれ良し悪しがあるため、どちらがいいかは簡単にはいえないのです」と村井先生。

実験では異なる種類の浮体を用意し、すべてに同じ風車を乗せたうえで水槽に波や風を起こします。そして、どんな波や風だと、どの浮体の揺れが一番少ないかを確認していきます。生じる揺れも様々なので、どの波にも完璧に対応するのは難しいそうですが、ある海域ではこんな波が多い、といったデータをもとに、より対応しやすい浮体の設計を考えているのだといいます。

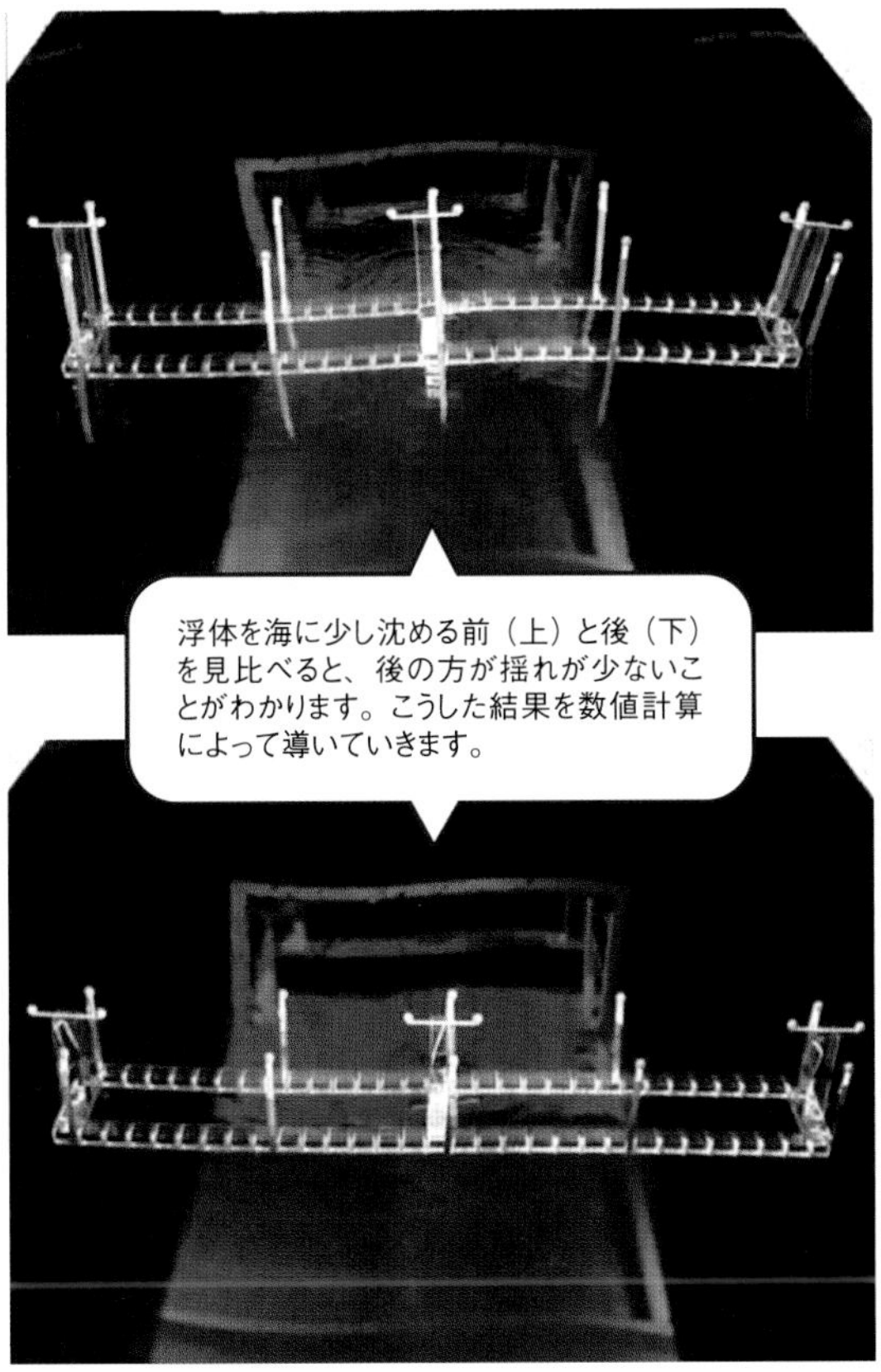

浮体を海に少し沈める前（上）と後（下）を見比べると、後の方が揺れが少ないことがわかります。こうした結果を数値計算によって導いていきます。

さらに村井先生は、実験や設計に加えて、数値計算をするのも得意としています。同じ模型、同じ風・波の条件下で実験をしても、浮体全体をより沈めると、揺れが減少することがあります。こうしたことも、数値計算からわかってきます。

「大学の研究は『こうすれば技術的に実現可能性がある』ということを突き詰めていけます。企業だとまずはコストの計算から始まってしまうので、もしお金があれば、どれだけのことができるのかを考えられるのは、大学の研究ならではだと思います」と語る村井先生。

先生によると、今後洋上風車は、２０３０年ごろまでは着床式が増加し、２０３０年以降に浮体式が徐々に増え、中学生のみなさんの年令が40代になったころ、浮体式洋上風車が当たり前のように世の中に浸透する時代がくるそう。海にぷかぷかと風車が浮かぶ光景が当たり前になるなんて、楽しみですね。

波力発電の研究にも注力
学生も国の研究に参加する

村井先生は近年、浮体を使った波力発電の研究にも力を入れています。海に浮かべた装置で波からエネルギーを得る発電方法で、これも再生可能エネルギーの一種です。

風には風向きがあるので、風力発電は風が吹き出せば風車がぐるぐる回ってエネルギーが得られますが、波は上下運動で、力の向きと大きさがつねに変わっているうえに、波の力を一往復で平均すると0になってしまいます。しかも海の波は複雑なので、波力発電はそこからどうエネルギーを得るかが難しい点だそう。

反対に、風力発電は風車があるところである程度強力な風が吹かないとうまく発電できませんが、波力発電は波さえ起こっていればエネルギーが得られます。しかも日本周辺の海は、波が弱い季節と強い季節があるので、弱い季節に装置を組み立てて、強い季節に稼働させるという、オンオフの切り替えもできます。

「洋上風力発電は揺れないこと、波力発電は揺れることと、目的が真逆ですが、そもそも波は風が吹くことで起こりますし、どちらも浮体を使うので互いに応用できる部分はたくさんあります。揺れにくく、あるいは揺れやすくするために、浮体の大きさや重さを色々と変えて実験を繰り返しています」（村井先生）

波力発電については、以前、NEDO（国立研究開発法人新エネルギー・産業技術総合開発機構）が主導する、岩手県釜石市でのプロジェクトに参加したときには、学生もその研究課題に取り組みました。「学生も国の研究の一端を担っているという責任感を持って臨んでいて、それが研究のモチベーションにもなっているようです」と村井先生。

ただ、こうしたプロジェクトに、学生を無理に参加させることはありません。あくまでも希望制で「こんなプロジェクトがあるけれどどう？」と提案したうえで、興味のある学生が参加し、ときには研究結果を持ち寄って、先生と学生で議論することもあるそうです。

「私は勉強の本当の目的は、学んだことを他者に、社会に、還元することだと考えています。ですから学生が大学で研究するのも、自分の能力を社会に還元するための練習だと伝えています。言われたことをそのままするのは力を発揮する場をだれかに与えてもらっている状態です。そうではなく、自分の力をどうすれば活かせるか考えたうえでそれを発揮する、そんな気概を持ってくれると嬉しいです。

中学生のみなさんはいま、いい成績をとるため、志望校に受かるため、など、自分のために勉強している人が多いと思います。でも、みなさんも社会に活かせる力を持っているはずですから、いまから教科書で学んだ知識を使ってなにができるか考えたり、教科書に載っていないことにあえて挑戦したりしてみてほしいです」（村井先生）

みんなで知恵を出しあって海を賢く使っていきたい

続いて、海洋工学の研究のおもしろさ、難しさを伺いました。まずおもしろさは「自分たちの工夫によって、できなかったことができるようになったときにおもしろさを感じます」と話します。

数値計算は市販のソフトを使って行うこともできますが、村井先生は数学が得意なこともあり、自分で責任の持てる範囲で研究を行いたいと、数値計算のためのプログラムも自作しています。市販のものはプログラムに不具合が起きたら作成した人のせいになりますし、そこから修正もできません。でも自分たちで作れば、修正はもちろん、年々改良もできるというのです。

このように得意な数学を活かしながら様々な研究に取り組む村井先生は、2019年公開の映画「アルキメデスの大戦」に数学監修として携わりました。

「山崎貴監督や、主演・菅田将暉さんらに監修者として直接色々とアドバイスをしました。まさか自分が映画製作にかかわる日がくるなんて…。めったにできない経験だと思うので嬉しかったです。得意なことが人生でどう役立つかわからないですね」（村井先生）

一方難しさは「『海洋工学』ってなに？」と言われてしまうことだそう。海の研究のなかでも生物や地質の研究に比べて、海洋工学分野はマ

$$\phi_j(P) = \iint_s \sigma_j(Q) \cdot G(P:Q)\, ds \qquad (2.8)$$

$$\begin{aligned} -4\pi G(p_1,p_2,p_3:q_1,q_2,q_3) = {} & \frac{2\pi(K^2-k^2)}{k^2h-K^2h+K}\cosh k(p_3+h)\cosh k(q_3+h) \\ & \times\{Y_0(kR)-iJ_0(kR)\} \\ & +4\sum_{n=1}^{\infty}\frac{(K^2-k_n^2)}{k_n^2h-K^2h+K}\cos k_n(p_3+h) cos k_n(q_3+h)K_0(k_nR) \end{aligned} \qquad (2.9)$$

$$\begin{aligned} -4\pi G(p_1,p_2,p_3:q_1,q_2,q_3) = {} & \frac{1}{r}+\frac{1}{r_1} \\ & +2PV\int_0^{\infty}\frac{(\mu+K)e^{-\mu h}\cosh\mu(p_3+h)\cosh\mu(q_3+h)}{\mu\sinh\mu h-K\cosh\mu h}d\mu \\ & +i\frac{2\pi(k^2-K^2)\cosh k(p_3+h)\cosh k(q_3+h)J_0(kR)}{k^2h-K^2h+K} \end{aligned} \qquad (2.10)$$

$$\begin{aligned} \phi^0 &= \sum_{m=\infty}^{\infty}A_{m0}J_m(kr)e^{im\theta}\cosh(k(z+h))+\sum_{n=1}^{\infty}A_{mn}I_m(k_nr)e^{im\theta}\cos(k_n(z+h)) \\ &\equiv \sum_{m=-\infty}^{\infty}\sum_{n=0}^{\infty}\psi^0A_{-mn} \end{aligned} \qquad (2.40)$$

浮体運動の問題で使われる波を表す具体式の例。村井先生は普段からこうした数式の数々と向き合っており、ときには、数千行の連立方程式を計算することも。数学が苦手な人はつい目を背けてしまいそうですが、村井先生は「小さいころなぞなぞを作っていたことを思い出してください。なぞなぞを作るのは数式を作るのに似ていると思いませんか？　あとゲームが好きな人は、ゲームでハイスコアをめざすことが数学で最適解を探すことにつながるかもしれません。こうして発想を転換してみると、数学も身近に感じてくるのではないでしょうか」と語ります。

活動の様子

年に1回の研究室旅行で親睦を深めます

海の公園で潮干狩りをする学生たち

実験室で実験中

潮干狩りで採ったアサリを数えています

イナーなのです。

また、実際に洋上風力発電や波力発電を行うとなると、沿岸で仕事をしている人、生物や地質の研究をしている人など、様々な人との調整も重要です。そのためには海の状態をきちんと知っておく必要があると、村井先生の研究室では、毎月海の公園（神奈川県横浜市）へ観測に出かけています。

「目に見えるところに風車があると景観を損ねると言う方もいれば、慣れれば風景の1つになると言う方もいます。埋め立てと浮体式を比べても、そこで新しい生物環境ができるので埋め立ての方がいい、と言う方もいます。私も浮体の研究をしているからといって、埋め立てを否定しているわけではありません。

イエスかノー、0か100かという単純な問題ではないので、海をより賢く使っていくためにはどうすればいいか、社会のみんなで考えていくことが大切です。砂漠は周りに砂しかないので、もし泉ができたらそこがオアシスになります。海も砂漠と同じようなもので、周りに水しかありません。では海にどんなものを作ればオアシスになるでしょう？　中学生のみなさんにも、ぜひ海を上手に使う方法を考えてみてほしいです」と話す村井先生。

村井先生は普段から学生のみなさんと、「海の賢い使い方」や「得た電力をどう使うか」について雑談しており、「波力発電の装置が防波堤として活用できるかも？」「船も電化し、洋上風車のところに充電所を設ければ、充電しながら船を動かせるかも？」など、様々なアイディアが出ているそうです。

海に囲まれた日本の地形がどれだけ恵まれているか、普段から意識して生活している人は少ないと思います。今回の記事をきっかけに、一度、自分なら海をどう使うか、考えてみてはいかがでしょうか。そのアイディアが、いつか実現するときがくるかもしれませんよ。

「将来的には友だちとスポーツの話を当たり前にするように、海の話も当たり前にするような、そんな世の中になってほしいです。みなさんももっと海を身近に感じてくれると嬉しいです」

研究室情報

メンバー：横浜国立大学理工学部機械・材料・海洋系学科の大学生、大学院生約10名
所在地：神奈川県横浜市保土ケ谷区常盤台79-7

受験生のための
明日へのトビラ

ここからのページでは、高校受験生が知っておけば「ちょっと得する」
そんな情報をまとめました。保護者の方にとって見逃せないアドバイスもあります。
目を通しておけば、「あそこに書いてあったな！」と
思わぬスコアアップにつながるかもしれません。

NEWS

全国　パソコンを生徒1人に1台 前倒しで今年度支給をめざす

文部科学省は、2763億円を2020年度予算に盛り込み、自宅でも学習できる環境の整備に向け、小中学校の「パソコン１人１台環境」の早期実現に乗り出した。

元々は2023年度までに小中学校に、2025年度までに高校も、との予定だったが、今回の新型コロナウイルスの感染拡大が影響した。広がる休校措置で、子どもたちが家庭での学習を迫られるなかで、学習のための環境を思うように整備できない学校の深刻な事情があと押しした形だ。

加えて補習のための学習指導員の増員配置にも予算（８億円）が割かれている。

今回の補正予算の８割は学校のICT（情報通信技術）環境を整備、充実させるための費用だ。

当初予定の2023年度をめざしていた小中学校「パソコン１人１台」のための購入費は、昨年、小中９学年のうちの３学年分を計上していた。

今回の補正予算で残る６学年分を一気に購入する費用（1951億円）が計上されている。

このほか、関連の通信装置の購入費６億円、自宅にネット環境がない児童・生徒の家庭に貸し出すルーターの費用補助に147億円が計上されている。

G 授業風景（美術）　H 部活動

山《やま》手《て》学《がく》院《いん》高等学校

〈共学校〉

「国際交流教育」「教科教育・進路指導」「誠人教育」を教育の3本の柱に定める山手学院高等学校は、つねに世界に目を向け、世界のなかで活躍するための多彩なプログラムを実践しています。

次のステージに向けたコース改編 新たなイノベーションを創出

１９６９年、全国でも珍しい全寮制の学校として現校地に誕生した山手学院高等学校（以下、山手学院）。毎年、難関国公立大学・私立大学へ多くの合格者を輩出する神奈川県内でも屈指の進学校の1つです。

その山手学院が、２０２１年度より、これまでの「理数コース」と「普通コース」を「特別進学コース」と「進学コース」に改編し、新たなステージにチャレンジします。

「特別進学コース」は、全員が国公立大学受験を前提としたカリキュラムを導入します。文系と理系が混在するクラス編成とし、高2で、文系・理系のどちらをおもに学ぶか選択をします。各教科とも、文系・理系合同の授業を行い、文系でも高3まで数学を必修とするなど、文系・理系といった括《くく》りを取り払い、より柔軟な進路選択を可能にします。

一方「進学コース」は、これまでの「普通コース」からの名称変更です。高2から文系・理系に分かれたクラス編成で、文系は、高2までは全員が数学を必修として、数ⅡBまで完全に履修します。

「これまでのコースも、国公立大学の受験に対応したカリキュラムでしたが、文系の生徒は早い段階で私立大学受験に必要な3教科に絞っていました。それが早慶やGMARCHへの進学実績に表れ

Photo　A スポーツ大会　B 文化祭　C D 国際交流の様子　E 授業風景（音楽）　F 授業風景（化学）

写真提供：山手学院高等学校

ているのは事実ですが、今回のコース改編では、全員が国公立大学をめざしてほしいという学校の強いメッセージをカリキュラムに反映させています。

文系・理系の枠にとらわれないリベラルアーツな学びを通して、今後、社会に出てから必要とされる幅広い教養を身につけてほしいと考えています」（入試対策部長・渡辺大輝先生）

国際交流プログラムで世界基準の視野を育む

山手学院の魅力の1つに国際交流プログラムがあります。高2生全員が参加する「北米研修プログラム」を中心に、高1は希望者から選抜された25名で参加する「シンガポールイマージョンプログラム」、1993年から連続で招待されている「国連世界高校生会議（UNIS－UN）」への生徒派遣、そして1年間の海外留学制度など、多彩なプログラムが用意されています。

「高2の『北米研修プログラム』は、1969年の開校当時から実施している本校独自のプログラムで、北米とカナダの複数都市に分かれて2週間ホームステイをします。毎年、実施する都市を本校国際交流部の教員が訪問し、現地学校やホームステイ先との交渉などを自ら行うので、費用も2週間で30万円程度とかなり低く抑えられています。いまでは、この研修に参加したくて入学する生徒もいるほど、人気のプログラムになっています」と渡辺先生。

また、新しいプログラムとして、2019年度から他の私立学校と合同で生徒を派遣する「ボストン研修」を実施しています。MIT（マサチューセッツ工科大学）の起業家プログラムを体験する2週間のプログラムで、2020年は8名を派遣する予定です。

Wise Freedom 生徒の選択を尊重する

山手学院では、難関大学だけでなく、東京芸術大学をはじめとする芸術系大学へ進学する生徒が、毎年、少なからずいます。それは、生徒の自主性を尊重する山手学院の「自由（Wise Freedom）」の精神の表れでもあります。

芸術系大学をめざす生徒のために、高2・3では、主な科目として美術や音楽を選択できるようにしており、さらに、東京芸術大学出身の教員を配置し、美大や音大の受験対策を学内で行うことができる環境を整える取り組みも行われています。2021年度からの新しいコース編成でも、この選択肢は変わらず残されています。

「本校は伝統的に生徒の自主性が強いのが特徴です。また、国際交流を通して多様性が培われているので、勉強だけでなく、部活動や学校行事など、学校生活を楽しむことができる、生徒の主体性に満ちた学校です」（渡辺先生）

スクールインフォメーション

所在地：神奈川県横浜市栄区上郷町460
アクセス：JR京浜東北・根岸線「港南台駅」徒歩12分
生徒数：男子734名　女子859名
TEL：045-891-2111
URL：https://www.yamate-gakuin.ac.jp/

2020年度大学入試　おもな合格実績

東京大	1名	東京工業大	1名
京都大	1名	一橋大	1名
北海道大	5名	横浜国立大	19名
東北大	9名	早稲田大	63名
大阪大	4名	慶應義塾大	34名
九州大	3名	上智大	27名

あの学校の魅力伝えます
スクペディア No. 16

共立女子第二高等学校《きょうりつじょしだいに》

東京都　八王子市　女子校

所在地：東京都八王子市元八王子町1-710　生徒数：女子のみ473名　TEL：042-661-9952　URL：https://www.kyoritsu-wu.ac.jp/nichukou/
アクセス：JR中央線・横浜線・八高線「八王子駅」、JR中央線・京王線「高尾駅」ほかスクールバス

未来に活躍できる女性の育成をめざして

「女性の社会的自立」を教育目標とする共立学園の系列校として設立された共立女子第二高等学校(以下、共立女子第二)。10年後、20年後の社会で活躍できる女性をめざす全人的な女子教育を行う学校です。

校訓は「誠実・勤勉・友愛」。また、その3つから導き出された理想の女性像として、「豊かな感性を身につけた女性」、「自ら考え、発信できる女性」、「他者を理解し、共生できる女性」を掲げています。

八王子の丘陵地にあるキャンパスは東京ドーム5個分と広大で、生徒が伸びやかに学べる緑豊かな環境があります。

1人ひとりに合ったコース制

共立女子第二では、希望進路の実現を見据えた学力の育成が重視され、その結果は現役進学率が毎年95%(外部大学・併設大学の進学率は約半々)という数字にも表れています。

まず高1では、個人の希望と入学時の成績により特別進学コースと総合進学コースに分かれます。特別進学コースは難関大学進学をめざし発展的な内容にも踏み込んだ授業を実施。夏季勉強合宿や長期休暇中のゼミなども用意しています。総合進学コースは生徒個人にきめ細やかに対応した指導を展開します。数学・英語で少人数習熟度授業を行うなど、丁寧な指導で生徒を伸ばします。

高2・高3では、進路に応じてさらに細かく「文系コース」「文理系コース」「特進私立文系コース」「特進国立文系コース」「特進理系コース」の5コースに分かれます。

また、2022年4月より、高1から新たに英語教育に特化した「英語コース」を新設予定。3カ月のニュージーランド留学に全員が参加できるなど、英語4技能をしっかりと学べるコースが誕生します。

コース制以外にも特色ある取り組みは多く、どれも体験を重視している点が特徴です。例えば、礼儀作法を身につける「マナー講座」、茶道・華道・装道を体験できる行事「和躾《なごみ》の日」、女性のキャリアを考える「キャリア講演会」、緑豊かな環境を活用した理科教育や恵まれた環境で思う存分打ち込める数多くの「部活動」など、共立女子第二だからこそ学べる充実した内容となっています。

工夫を凝らしたカリキュラムと抜群の教育環境により、未来に活躍できる女性を育む共立女子第二です。

あの学校の魅力伝えます
スクペディア No. 17

八雲学園《やくもがくえん》高等学校

東京都　目黒区　女子校

所在地：東京都目黒区八雲2-14-1　生徒数：女子のみ267名（2021年度より男女共学化）　TEL：03-3717-1196　URL：https://www.yakumo.ac.jp/
アクセス：東急東横線「都立大学駅」徒歩7分

広い視野とホスピタリティを備えたリーダーへ

1938年の創立から80年以上、時代に即した教育でグローバルリーダーの育成に努めてきた八雲学園高等学校（以下、八雲学園）。

3年前に中学を共学化し、2021年度からは高校共学化という新しいステージを迎えるにあたって、ますます進化を続ける八雲学園の特色ある取り組みをいくつかご紹介します。

豊かな国際感覚を育み 進路決定から手厚くサポート

「高い英語力を持ち、他国の文化を理解し、多角的にものごとを捉えることができる人物」をグローバルリーダーととらえ、多彩な国際教育を行う八雲学園。

自分の主張や意見を英語で伝える能力を重視し、アメリカの姉妹校で3週間特別授業を受けられる海外研修（高1・高2、希望者）や、日本での事前研修3カ月、帰国後の事後研修3カ月を含む9カ月のアメリカ留学プログラム（高1、希望者）などを用意しています。

また、世界50カ国から約200校が参加する国際私立学校連盟に加盟しており、様々な形で交流が行われているほか、模擬国連への参加などを通して国際的な視野と感覚を育てています。

加えて、独自のホスピタリティ教育を行っているのも特徴的な点です。毎朝のモーニングアセンブリー（朝礼）では黙想を行ってからあいさつを交わし、1日を落ち着いてスタートさせる工夫がなされています。

日々の活動ではあいさつを励行するとともに、テーブルマナー研修や地域のボランティア活動など、国際社会で活躍していく素地となるホスピタリティを育成しています。

こうした取り組みを通じて得た能力を、卒業後も存分に発揮するためのキャリアサポートも充実しています。大学出張体験授業や個別ガイダンス、八雲学園の卒業生から受験の体験談を直接聞ける機会など、将来のビジョンを明確に設定するきっかけとなる場が用意されています。また、海外協定大学推薦制度（UPAA）を導入し、海外大学への進学も視野に入れることができます。

このほかにも4泊5日でじっくりと勉強に取り組むサマーキャンプ（希望者）や、班ごとに歌の研究・発表に取り組む百人一首大会など様々な行事がある八雲学園。多様な価値観に触れ、社会に貢献できる人材へと育っていきます。

あの学校の魅力伝えます
スクペディア No. 18

桐光学園《とうこうがくえん》高等学校

神奈川県　川崎市　別学校

所在地：神奈川県川崎市麻生区栗木3-12-1　生徒数：男子1200名、女子597名　TEL：044-987-0519　URL：http://www.toko.ed.jp/high/index.html
アクセス：小田急多摩線「栗平駅」徒歩12分

「男女別学」で特質を活かした教育を

自然豊かで広大なキャンパスと、充実した施設を誇る桐光学園高等学校（以下、桐光学園）。男女の学習におけるモチベーションの高め方や理解のプロセスには違いがあるため、男女別のクラスを編成し、それぞれの異なる特性を活かした教育を行っています。

恵まれた学習環境で学力と個々の資質を伸ばす一方、委員会や文化部の活動など男女が協力しあえる場も多く、文化祭や体育祭などの行事では、生徒が主体となって１つのものを作り上げています。

多彩な学習支援で大学受験も安心

２０１８年よりノートパソコンを利用したＩＣＴ教育が始まり、知識・情報収集の環境を整え、アクティブ・ラーニングなどに活かしています。

また、グローバル教育に力を入れており、海外への修学旅行をはじめ、カナダホームステイ、ケンブリッジ大学やイートン校などでの短期留学、国内での英語研修を通じて国際理解を促しています。

面倒見のよさを重んじる桐光学園の教育を象徴するのが、年間６００講座にもおよぶ講習制度です。学力向上をめざし、普段の授業と組みあわせて、自分だけのオリジナルカリキュラムを確立できます。

基礎学力を養成する講座にはじまり、各教科ごとに東京大学、東京工業大学、一橋大学、早慶上智、ＭＡＲＣＨなど、大学別の対策講座があります。さらに、小論文講習や英作文の添削講習、数学の記述式答案の作成講習など、難関大学の問題様式に合わせた個別指導があるのも心強いポイントです。オンライン英会話講座、プログラミング講座のほか探究心を刺激するユニークな講習も多く、新しい自分を発見する機会にもなります。

そして桐光学園では、羽生善治、隈研吾、池上彰、根岸英一など一流の講師を招く「大学訪問授業」を年20回ほど実施しており、知的好奇心を喚起するとともに進路を考える契機としています。

桐光学園は、「他者との関わりの中で自己を高めていこう」、「失敗を恐れず失敗から学んでいこう」、「一生続けられる好きなことを見つけよう」を目標に生徒1人ひとりの希望する進路に向けて、きめ細やかな教育を実践しています。

あの学校の魅力伝えます
スクペディア No. 19

文京《ぶんきょう》学院《がくいん》大学《だいがく》女子《じょし》高等学校

東京都　文京区　女子校

所在地：東京都文京区本駒込6-18-3　生徒数：女子のみ599名　TEL：03-3946-5301　URL：http://www.hs.bgu.ac.jp/
アクセス：JR山手線・都営三田線「巣鴨駅」、JR山手線・地下鉄南北線「駒込駅」徒歩5分

知識と教養をあわせ持つ人材を育てる

「自立と共生」を教育理念に据え、社会に貢献できる女性を育てている文京学院大学女子高等学校（以下、文京学院大女子）。2021年度からは国内のインターナショナルスクールとの教育提携を行い、IB教育に触れる機会が得られます。

「国際教養コース」では、スーパーグローバルハイスクール（SGH）アソシエイト校として、充実した英語教育や様々な国際交流プログラムに参加します。リベラルアーツ型の学びで幅広い進路に対応できるのも魅力です。

科学的興味を重視し、実践的な理数教育を行う「理数キャリアコース」は、スーパーサイエンスハイスクール（SSH）指定校の経験を活かしたカリキュラムで、論理的思考力やプレゼンテーション能力を育みます。

スポーツを起点に学びを掘り下げる「スポーツ科学コース」では、プロから学ぶことができる「スポ学講座」を中心に、専門性の高い学びを通して探究心を養成します。

多様な切り口で取り組む独自の探究学習

生徒の興味に沿って様々な教育が展開されている文京学院大女子ですが、どのコースでも大切にされているのが、思考力や判断力を鍛える探究学習です。SDGs（持続可能な開発目標）をキーワードに、生徒がそれぞれ答えのない課題に向きあいます。

コースごとにその特長を活かした探究学習になっており、例えば「国際教養コース」では東京海洋大学との高大連携プログラム、「理数キャリアコース」では研究機関や一般企業から教育支援を受けたプログラムなど多彩です。こうした活動から、社会に出ても役立つ「思考力・判断力・表現力」を身につけていきます。

受け継がれる伝統教育で教養を備えた女性へ

文京学院大女子を象徴する教育の1つとして、教養を育む伝統教育があげられます。ペン習字を1日1ページ以上行い、コンピューターが全盛の時代にあっても、美しく丁寧な字が書けるよう指導しています。また、金曜日の朝には運針に取り組み、一針一針、丹念に縫い進めることで集中力を涵養しています。

時代を先取りしつつも、伝統を大切にする多様な教育で、社会で必要とされる人材を輩出しています。

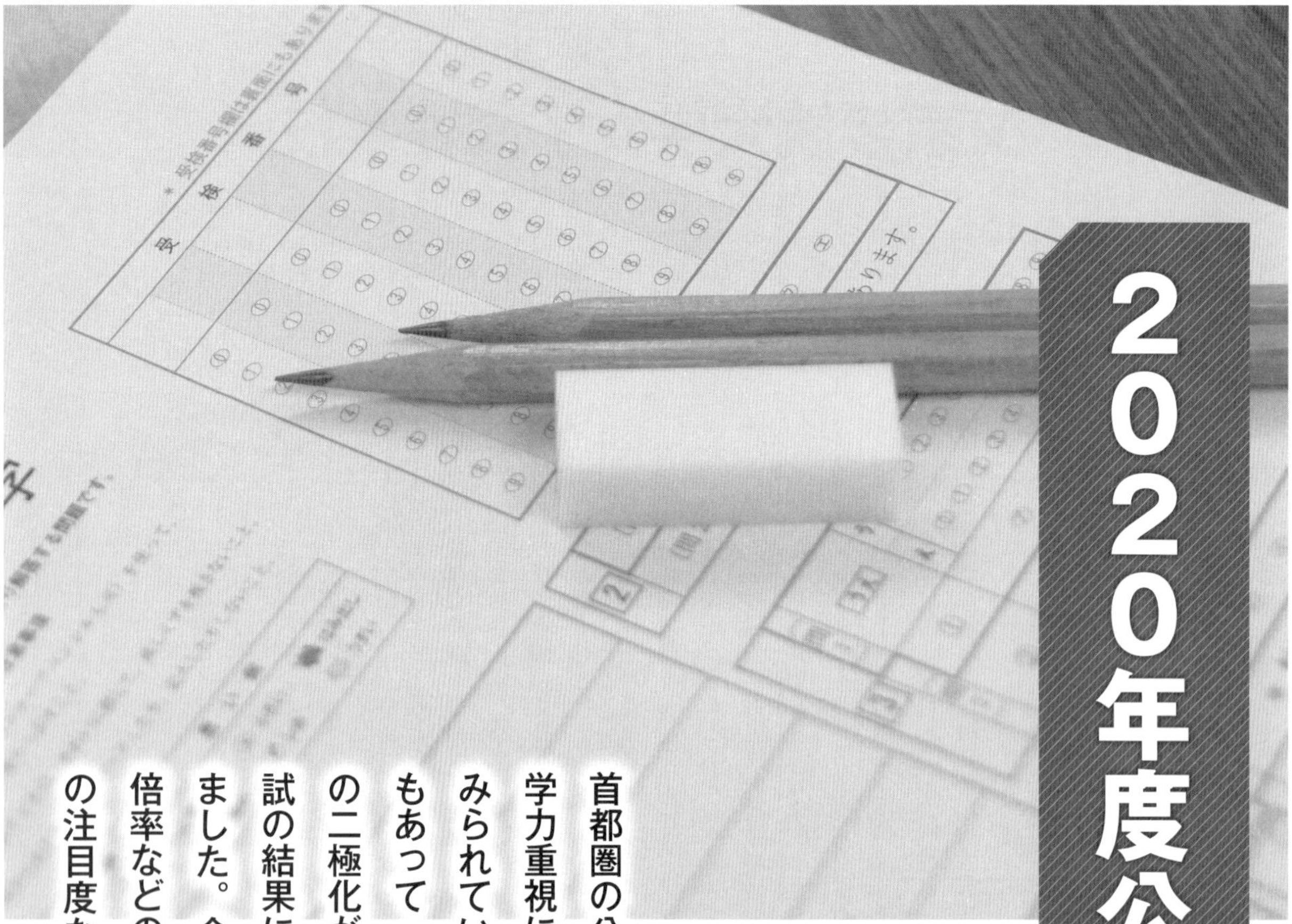

2020年度公立高校入試結果分析

東京　神奈川

結果から見えてくる来年度入試への展望

安田教育研究所　代表　安田理

首都圏の公立高校入試では、東京を除いて1回入試となり、合否判定が学力重視に傾くようになりました。そんな一連の改革が一段落したかとみられていましたが、国や都県が打ち出した就学支援金拡充の影響などもあって「私立高校への強い風」が吹いています。公立高校では、人気の二極化がめだってもきました。今号では、この春行われた公立高校入試の結果について、その分析を安田教育研究所の安田理代表にお願いしました。今回は東京と神奈川の公立高校の2020年度入試について、倍率などの数字からみえる人気度を中心に論じていただきます。受験生の注目度などの結果を調べることで来年度入試の展望もみえてきます。

東京 都立

一般入試

2020年度の東京都立高校一般入試では平均応募倍率は昨年と同じ1・40倍でしたが、平均実倍率は0・01ポイント下がり1・34倍になりました。

都立高校推薦入試では平均応募倍率が0・06ポイント下がり2・55倍で現行の制度では最も低い倍率でした。就学支援金の充実と大学合格実績への期待感から私立志向が続くなか、都立高校の志望者は減少しているものの人気の二極化傾向が続いています。

男子は平均実倍率ダウン 女子の実倍率はアップ

2020年度の都立高校一般入試では3万501人の募集に対し、4万2577人が応募しました。平均応募倍率は昨年と同じ1・40倍でした。一般入試応募者の減少数は1583人で都内の公立中学卒業予定者の減少数1308人より300人弱多くなっています。

昨年も中3人口の減少数より公立高校応募者の減少数の方が大きく、公立より私立を希望する生徒の増加がうかがえます。大学附属校や進学校の大学入試対策への信頼感と就学支援金の充実が私立志向を高めています。

受験者数は4万29人で2万9857人が合格しました。平均実倍率は昨年より0・01ポイント下がり、1・34倍でした。

学科別に見ると、普通科の男子は1・41倍から1・38倍に下げていますが、女子は1・41倍から1・43倍に上昇し、男女合計では1・41倍から1・40倍に微減しました。多くの学科が減少するなか、総合学科は1・12倍から1・15倍に上がり、昨年までの下降傾向が止まりました。

都立高校では普通科は男女別定員のため、男子と女子とで倍率が異なります。普通科以外の単位制やコース制も含む他学科では男女別の定員を設けていません。

2020年度東京都立高校入試結果

CHECK 1 男女で定員が違う普通科では倍率も別

【表1】2020年度一般応募倍率上位10校（普通科男子）

1	戸山	2.48倍
2	青山	2.38倍
3	日比谷	2.24倍
4	田園調布	2.20倍
5	豊多摩	2.00倍
5	上野	2.00倍
7	雪谷	1.94倍
8	石神井	1.92倍
9	西	1.90倍
10	三田	1.88倍

【表2】2019年度一般応募倍率上位10校（普通科男子）

1	戸山	2.51倍
2	日比谷	2.47倍
3	青山	2.18倍
4	豊多摩	2.11倍
5	田園調布	2.01倍
6	白鷗	1.97倍
7	石神井	1.93倍
8	江戸川	1.92倍
9	本所	1.91倍
9	江北	1.91倍

男子は戸山、女子では三田が普通科応募倍率のトップ校に

敬遠されたか最難関日比谷は応募倍率3位に

戸山は3年連続トップ 三田は9位から躍進

まず普通科の男子では戸山が3年連続で応募倍率1位でした。応募者数でも1位を維持しています。2年前に開始した医学部進学をめざす取り組みも評価されてのことでしょう。

2位の青山は昨年の3位から順位を上げました。3位の日比谷は2017年までトップでしたが、2年連続の2位から1つ順位を落としました。都立高校では東京大学合格数最多ですがチャレンジする層が少し減っているのでしょう。

4位の田園調布は実倍率では唯一2倍台を維持し、トップの2・11倍でした。以下、青山1・94倍、戸山1・90倍と続き、難関私立との併願が多い分、欠席者や辞退者の多い日比谷は1・50倍でした。

普通科の女子では三田が応募倍率・応募者数ともに増やし9位から1位に上昇しました。

2位は2年前に1位だった広尾で、両校とも隔年現象で倍率が上下しています。広尾は募集定員数の削減も倍率上昇につながっています。

2年連続で3位の青山は倍率を上げていて、実倍率では唯一2倍台を維持して2・07倍で1位、以下、田園調布1・97倍、三田1・94倍と続きます。4位の田園調布は応募者を増やし、昨年の14位から順位を上げました。竹早は募集定員数を削減しながら応募者を増やして5位に入りました。

【表3】2020年度一般応募倍率 上位10校（普通科女子）

1	三田	2.42倍
2	広尾	2.26倍
3	青山	2.25倍
4	田園調布	2.23倍
5	竹早	2.09倍
6	戸山	2.08倍
7	日比谷	2.05倍
8	向丘	2.04倍
9	小平	2.01倍
10	豊島	1.97倍

【表4】2019年度一般応募倍率 上位10校（普通科女子）

1	日比谷	2.14倍
2	鷺宮	2.11倍
3	青山	2.10倍
3	小岩	2.10倍
5	本所	2.09倍
6	東	2.07倍
7	豊多摩	2.03倍
8	戸山	2.02倍
9	三田	2.01倍
10	北園	1.99倍

単位制を除く普通科以外の学科では国際（一般生徒）が倍率を2年連続で下げたものの3年連続で1位を維持しています。

工芸が2位のグラフィックアーツ、3位のデザイン、8位のマシンクラフトと5学科中3学科でランク入りしています。

5位の総合芸術の舞台表現もそうですが、いずれも募集数が少数のため、応募者の増減が倍率に影響しやすく数人増加しただけでも高倍率になってしまいます。

私立高校でも美術系のコースや学科は人気が高まっていますが、専門的な技術を身につけられる実習の多さなどから大学や専門学校に進学したあとの就職時にも有利なイメージがあるのでしょう。

【表5】2020年度一般応募倍率 上位10校（普通科以外）

1	国際（一般生徒）	2.84倍
2	工芸（グラフィックアーツ）	2.40倍
3	工芸（デザイン）	2.36倍
4	総合芸術（美術）	2.21倍
5	総合芸術（舞台表現）	2.14倍
6	府中工業（情報技術）	2.05倍
7	新宿（単位制普通）	2.03倍
8	工芸（マシンクラフト）	1.96倍
9	芦花（単位制普通）	1.89倍
10	園芸（動物）	1.88倍

【表6】2019年度推薦応募倍率 上位10校（普通科以外）

1	国際（一般生徒）	2.92倍
2	園芸（動物）	2.72倍
3	総合芸術（舞台表現）	2.43倍
4	八王子桑志（システム情報）	2.36倍
5	府中工業（情報技術）	2.20倍
6	総合芸術（美術）	2.16倍
7	新宿（単位制普通）	2.13倍
7	小平（外国語）	2.13倍
9	工芸（デザイン）	2.04倍
10	農業（食物）	2.00倍

応募者数男子トップも戸山、女子は青山

応募者数が多かったのも男子は戸山、女子が青山、単位制等では新宿でした。男女の合計数では戸山が582人、青山が580人、以下新宿576人、日比谷548人、上野495人、豊多摩490人と続きます。

男女とも上位10校に進学指導重点校の戸山、青山、日比谷、西の4校が入り、立川が男子のみランク入りしています。昨年は3校でしたから、進学重点校の人気が上向いているということでしょう。

単位制では新宿がトップを維持しています。田園調布は分割・後期募集があるため、募集数が少なく高倍率校でありながら応募者数ではランク入りしていません。

昨年までの進学指導重点校敬遠傾向は応募者数でみると今年は緩んだ印象に

【表7】2020年度一般応募者数上位10校（普通科男子）

1	戸山	328人
2	青山	310人
3	日比谷	296人
4	豊多摩	264人
4	上野	264人
6	西	251人
7	小岩	249人
8	江戸川	244人
9	城東	238人
10	立川	231人

【表9】2020年度一般応募者数上位10校（普通科女子）

1	青山	270人
2	戸山	254人
3	日比谷	252人
4	三田	240人
5	文京	237人
6	上野	231人
7	小岩	229人
8	西	227人
9	豊多摩	226人
10	江戸川	223人

【表11】2020年度一般応募者数上位10校（普通科以外）

1	新宿	576人
2	芦花	414人
3	国分寺	397人
4	稔ヶ丘	302人
5	六本木	298人
6	国際	278人
7	墨田川	270人
8	大江戸	258人
9	多摩科学技術	239人
10	八王子拓真	220人

【表8】2019年度一般応募者数上位10校（普通科男子）

1	戸山	331人
2	日比谷	329人
3	青山	285人
4	豊多摩	278人
5	小岩	260人
6	江戸川	256人
7	江北	252人
7	狛江	252人
9	文京	239人
10	南平	234人

【表10】2019年度一般応募者数上位10校（普通科女子）

1	小岩	285人
2	日比谷	259人
3	青山	250人
4	豊多摩	246人
5	戸山	244人
5	文京	244人
7	北園	241人
8	上野	231人
9	小山台	227人
10	鷺宮	224人

【表12】2019年度一般応募者数上位10校（普通科以外）

1	新宿	606人
2	国分寺	451人
3	墨田川	357人
4	稔ヶ丘	341人
5	芦花	320人
6	国際	286人
7	六本木	277人
8	上水	247人
8	杉並総合	247人
10	多摩科学技術	245人

東京都立高校の入試制度抜粋（2020年度）

【選抜方法】

「学力検査による選抜」と「推薦による選抜」の2種類。

○都内のどこの高校へも志願することができる。

【学力検査による入試】

○学力検査による選抜には、まず第一次募集後、欠員が生じた場合に第二次募集を行う学校と、はじめから募集期間を2回に分けて行う学校がある（分割募集）。

○願書提出後、1回だけ志願変更が可能。

【推薦入試】

○志願先変更はできない。筆記試験はなく、調査書、集団討論、個人面接、小論文または作文、実技検査、そのほかその学校が決めた検査などで実施される。

CHECK 2 都立高校の推薦入試は各校とも高倍率

推薦入試

2020年度の都立高校推薦入試では9032人の募集に対し、2万3038人が応募しました。昨年より509人減少しましたが、昨年の減少数の1545人よりは小さくなりました。

高倍率ゆえ出ていた敬遠傾向 今年は歯止めがかかった印象

都立高校の推薦入試は募集数が限られているため、高倍率になりやすく敬遠傾向がみられました。ここ2年は私立志向の高まりから都立志望の減少も影響していましたが、今年度の推薦入試に限ってみると、少し歯止めがかかったようにみえます。

平均応募倍率は2・55倍で前年の2・61倍より0・06ポイント下げ、現制度になってからは最も低い倍率になりました。

学科別では、普通科男子が2・60倍から2・64倍、女子も3・28倍から3・34倍に上昇、総合学科も1・97倍から2・13倍に上がっています。一般では下がっていた男子も推薦では上昇しています。

単位制普通科は昨年と同じ2・77倍で、普通科コース制は2・06倍から1・59倍と大きく下がりました。専門学科も全体では2・00倍から1・71倍に大幅ダウンしています。

推薦の応募倍率男子1位片倉 女子は2年連続で青山

普通科男子の応募倍率トップは4倍台から唯一5倍台に伸ばした片倉が昨年の10位から1位に上がりました。2017年以来の1位です。

城東は5・48倍から4・78倍に倍率を下げたものの3位から2位に順位を上げました。

3位の紅葉川は2017年の10位以来のランク入り、4位の大崎は近年では初めてのランク入りです。5位の東村山は一般入試で学力検査を行わないエンカレッジスクールです。

昨年のトップから順位を下げましたが、進学指導重点校では唯一、青山がランク入りしています。

普通科女子のトップは2年連続で青山でした。唯一、7倍台をキープしていて相変わらずの人気突出です。

女子2位の松原は2017年の5位以来のランク入りです。3位の日本橋、4位の神代、5位の片倉はいずれも近年上位10校には入っていませんでした。

6位の三田、7位の竹早は人気校で難度も高く上位10校によく名を連ねています。

進学指導重点校では男子と同様、青山だけがランク入りしています。

男女とも難度は様々で、推薦入試に臨む受験生の志向の変化が感じられます。

単位制普通科や専門学科など男女別定員のない高校では総合芸術の舞台表現が3年連続で1位です。12人しか定員がなく独自性の強い学科のため、高人気が続いています。

2位の新宿は毎年高い倍率ですが、ここ2年は6倍台から5倍台に下がっています。

3位の総合芸術（美術）、4位の工芸（デザイン）、5位の工芸（グラフィックアーツ）は募集数が少ないうえ、人気が上がっているため、昨年までに続いてのランク入りです。

いずれも高倍率は一般入試まで続いています。

【表13】2020年度推薦応募倍率 上位10校（普通科男子）

1	片倉	5.45倍
2	城東	4.78倍
3	紅葉川	4.71倍
4	大崎	4.64倍
5	東村山	4.47倍
6	東大和	4.46倍
7	青山	4.36倍
8	狛江	4.22倍
9	小岩	4.11倍
10	東大和南	3.93倍

【表14】2019年度推薦応募倍率 上位10校（普通科男子）

1	青山	5.86倍
2	小岩	5.59倍
3	城東	5.48倍
4	南葛飾	5.45倍
5	東大和南	4.36倍
6	鷺宮	4.29倍
7	高島	4.27倍
8	足立	4.18倍
9	石神井	4.14倍
10	片倉	4.04倍

CHECK 3

スピーキングテストの実施を控え将来の自分を考えよう

次年度は定員削減校が増える可能性が大きい

2021年度は公立中学校卒業予定者数が減少するため、都立高校の募集定員数も削減されます。人口が増えている地域によっては募集数の臨時増もありえますが、ここ数年の定員割れ校と二次募集数の多さから考えると減員校ばかりになる可能性が大きいと思われます。

都立高校の平均実倍率は下降傾向にありますが、推薦入試では1万4000人、一般入試で1万人以上もが不合格になっています。

来年、人口が減り、人気の二極化傾向が強まって定員割れが減らなくても、そう大きくは変わらないでしょう。

新型コロナ禍のいまこそ自覚と自律が試される

新型コロナウイルス感染の拡大と防止のために休校措置が取られ、変則的な学校生活を強いられて不安を感じる受験生も多いことでしょう。

受験生や中学最高学年になった自覚もないまま新年度を迎えてしまった、と思っている生徒もいるかもしれませんが切り換えが大切です。

夏休みに通常授業を実施する可能性もあれば、休校措置が長引くことも考えられます。

いまこそ自宅で待機する時間を入試に向けて有効に過ごすことが重要です。規則正しい生活を心がけ、学校から与えられた課題だけでなく、これまで習ってきた学習内容で苦手な科目や項目・課題があれば克服しておきたいところです。また、経済状況が悪化すると、公私間の学費の格差は縮小しているものの、都立人気が上昇することも考えられます。

2021年度は次年度から導入される英語スピーキングテストの前段階として全員に確認プレテストが実施される予定です。

中3生のみなさんは都立高校の入試判定で使用されることにはなりませんが、今後の社会で問われる学力であることは間違いがありません。前向きに取り組むべきでしょう。

【表15】2020年度推薦応募倍率 上位10校（普通科女子）

1	青山	7.08倍
2	松原	5.56倍
3	日本橋	5.32倍
4	神代	5.27倍
5	片倉	5.05倍
6	三田	5.00倍
7	竹早	4.95倍
8	竹台	4.94倍
9	足立	4.88倍
10	板橋	4.85倍

【表16】2019年度推薦応募倍率 上位10校（普通科女子）

1	青山	7.08倍
2	本所	6.05倍
3	鷺宮	5.46倍
4	城東	5.37倍
5	日本橋	5.00倍
6	小岩	4.91倍
7	小山台	4.83倍
7	足立西	4.83倍
9	松が谷	4.59倍
10	小平	4.56倍

【表17】2020年度推薦応募倍率 上位10校（普通科以外）

1	総合芸術（舞台表現）	6.17倍
2	新宿（単位制普通）	5.41倍
3	総合芸術（美術）	5.33倍
4	工芸（デザイン）	5.20倍
5	工芸（グラフィックアーツ）	4.50倍
6	駒場（保健体育）	4.17倍
7	工芸（インテリア）	3.80倍
8	農業（服飾）	3.70倍
8	芦花（単位制普通）	3.70倍
10	国際（一般生徒）	3.64倍

【表18】2019年度推薦応募倍率 上位10校（普通科以外）

1	総合芸術（舞台表現）	7.17倍
2	園芸（動物）	6.20倍
3	総合芸術（美術）	5.71倍
4	工芸（デザイン）	5.20倍
5	新宿（単位制普通）	5.03倍
6	工芸（グラフィックアーツ）	5.00倍
7	農業（食物）	4.90倍
8	駒場（保健体育）	4.42倍
9	国際（一般生徒）	4.31倍
10	総合芸術（音楽）	4.00倍

神奈川 県立 市立

2020年度神奈川公立高校入試結果

CHECK 1 私立高校志向がジワジワと増加傾向に

2020年度の神奈川県公立高校入試では平均応募倍率が0・02ポイント下がり1・17倍になりました。平均実倍率も前年から0・01ポイント下げ1・18倍でした。

特色検査の「自己表現検査」で共通問題・共通選択問題実施校が7校から17校に増え、応募者がやや分散しました。その一方、ここ数年と同様、定員割れ校・二次募集数も増え、人気の二極化傾向が続いています。

公立志願者2000人以上減 応募倍率・実倍率ともダウン

2020年度の神奈川県公立高校入試では、4万1829人の募集に対し、応募者数は4万8275人でした。平均応募倍率は前年の1・19倍から1・17倍に下がりました。前年の応募者数5万887人より2612人少なく、公立中学卒業予定者が1621人減少しているのに対し約1000人下回っています。

昨年も中3人口の減少数より公立高校応募者の減少数の方が大きく、それだけ公立より私立を希望する生徒が増えているのでしょう。

大学附属校や、進学校の大学入試対策への信頼感と私立高校への就学支援金の充実が私立志向を高めています。

実際の受験者数は4万7891人で4万2887人が合格しました。平均実倍率は昨年より0・01ポイント下がり、1・18倍でした。受験後、入学取り消し者317人を除いた平均実倍率も1・18倍で変わっていません。

普通科に限ってみても1・21倍↓1・20倍↓1・20倍↓1・19倍と少しずつ下降しています。

横浜翠嵐が実倍率4位に後退 首位は横浜市立南の1・79倍

【表1】2020年度実倍率上位10校（普通科）

1	横浜市立南	1.79倍
2	神奈川総合（国際文化）	1.76倍
3	神奈川総合（個性化）	1.73倍
4	横浜翠嵐	1.71倍
5	新城	1.62倍
6	大和	1.56倍
7	柏陽	1.53倍
8	横浜清陵	1.50倍
9	湘南	1.48倍
10	多摩	1.45倍
10	川崎市立高津	1.45倍

（神奈川総合、横浜清陵は単位制普通科）

中高一貫校の併設高校が実倍率トップは初めて

実倍率トップ3は横浜市立南、神奈川総合2コースで、横浜翠嵐は4位に後退しています。

普通科の実倍率上位11校のうち、学力向上進学重点校は横浜翠嵐、柏陽、湘南の3校、学力向上進学重点校エントリー校が大和、多摩の2校でした。

最も実倍率が高かったのは横浜市立南の1・79倍で併設中学のある高校がトップになったのは初めてのことです。

中高一貫校では募集数が1クラスしかないことから受験者数の増減が

私立に流れず公立上位めざす層も一定数維持

実倍率に影響しやすいのですが、内部から進学する生徒の方が多い分、敬遠されることも少なくありません。東京では併設型中高一貫校の高校募集を取りやめる方向です。

横浜市立南は東京大学8人をはじめ難関大学合格実績も高いので人気を集めたのでしょう。

2020年度神奈川県公立高校　特色検査実施校

[自己表現　論述問題（一部マークシート）共通問題・共通選択問題]
学力向上進学重点校（4校） 横浜翠嵐・湘南・柏陽・厚木
学力向上進学重点校エントリー校（13校） 横浜緑ケ丘・希望ケ丘・光陵・川和・横浜平沼・多摩・大和・相模原・横須賀・鎌倉・平塚江南・小田原・茅ケ崎北陵
[自己表現　論述問題　独自問題]
横浜国際（国際バカロレアコース）※実技（口頭での英問英答）もあり 横浜市立横浜サイエンスフロンティア
[自己表現　グループ討論]
神奈川総合（国際文化コース）

倍率ベスト3の顔ぶれに学力向上進学重点校なし

2位・3位には神奈川総合の2つのコースがそろってランク入りしました。前年も個性化コースが2位、国際文化コースが4位でした。

今年は国際文化コースが2位に順位を上げています。横浜市立南ほどではありませんが、募集数が小規模であることも実倍率の上下動に影響しています。上位3校に学力向上進学重点校や学力向上進学重点校エントリー校（以下、進学重点校エントリー校）が入らなかったのも現行制度では一度もなかったことです。

前年まで2年連続首位だった横浜翠嵐は1・84倍から1・71倍に倍率を下げて4位。最近、同校が1位にならなかった年は、2位だった2017年、6位だった2015年があります。順位を下げても学力向上進学重点校4校では最も高い実倍率を維持しています。

学力向上進学重点校では2位となった柏陽が2年連続で実倍率を上げて7位でした。2年連続で実倍率が上がっていた湘南は1・64倍から1・48倍に下げ、学力向上進学重点校では3位、普通科全体で9位でした。厚木は1・27倍から1・18倍に緩和しています。

5位の新城は1位となった2017年から2年連続して緩和していましたが、今年は1・39倍から1・62倍に上昇しました。

新城と同じ川崎市内にある多摩は初めて特色検査を実施した影響が出てくるのでは、と考えられましたが、多摩も実倍率を下げたものの10位に入っています。多摩と大和の2校だけが13校ある進学重点校エントリー校からランク入りしています。

普通科で実倍率1・50倍以上だったのは6校から8校に増えた前年と同数で、人気校へのチャレンジ志向は続いています。

私立志向が増える一方で、公立でも上位校をめざす生徒の割合が維持されています。

【表2】2019年度実倍率上位10校（普通科）

1	横浜翠嵐	1.84倍
2	神奈川総合（個性化）	1.83倍
3	横浜緑ケ丘	1.73倍
4	神奈川総合（国際文化）	1.70倍
5	湘南	1.64倍
6	多摩	1.61倍
7	光陵	1.58倍
8	横浜市立桜丘	1.55倍
9	横浜市立金沢	1.48倍
10	横浜平沼	1.47倍
10	川崎市立橘	1.47倍
10	横浜市立東	1.47倍

（神奈川総合、市立東は単位制普通科）

【表3】2018年度実倍率上位10校（普通科）

1	横浜翠嵐	1.83倍
2	多摩	1.69倍
3	横浜緑ケ丘	1.60倍
4	新城	1.49倍
5	川和	1.46倍
6	川崎市立高津	1.45倍
7	光陵	1.44倍
7	横浜市立戸塚	1.44倍
7	大和	1.44倍
10	横浜市立東	1.38倍
10	藤沢清流	1.38倍

（市立東、藤沢清流は単位制普通科）

CHECK 2

将来の大学進学を考えしっかりとした学校選択が主流に

横浜翠嵐が受験者数と受験後取消数とも最多

受験者数上位10校では横浜翠嵐が6年連続で1位でした。昨年まで2年連続で唯一700人を超えていましたが、600人台にダウンしたものの2017年の652人を上回る676人でした。

湘南も前年より減りましたが、3年連続で2位でした。

3位には受験者数を増やした元石川が入りました。2017年の4位以来のランク入りです。

大船も増え10位から4位に順位を上げました。

5位の柏陽も2年連続で受験者数を増やし、2012年の後期選抜以来、入試が一本化された現行制度では初めてのランク入りです。同校を含め学力向上進学重点校4校中、厚木を除く3校がトップ5に入りましたが、進学重点校エントリー校は上位10校にも入りませんでした。

前年に続いてランク入りした学校は4校から6校に増えました。昨年は減りましたが、年によって多少違いはあるものの、上位校の顔ぶれはそう大きく変わっていません。

【表4】2020年度受験者数上位10校

1	横浜翠嵐	676人
2	湘南	558人
3	元石川	519人
4	大船	509人
5	柏陽	505人
6	鶴嶺	481人
7	新羽	472人
7	横浜市立桜丘	472人
9	七里ガ浜	468人
10	市ケ尾	463人

【表5】2019年度受験者数上位10校

1	横浜翠嵐	730人
2	湘南	609人
3	市ケ尾	537人
4	希望ケ丘	523人
4	住吉	523人
6	生田	520人
7	七里ガ浜	513人
8	海老名	508人
9	横浜市立桜丘	496人
10	大船	489人

出願取り消しは減ったものの定員割れ数は1000人超える

公立高校では、入試の受験後に合格発表のある難関私立高校を第1志望にした生徒が受験後に出願を取り消しますが、310人→292人→379人→328人→317人と2年連続で減少しました。最も多かったのは今年も横浜翠嵐で62人でしたが2年連続で減少しています。私立志向が強くなったため、公立とどちらにするか迷うケースが減っているのかもしれません。

2019年度は学芸大学附属が多くの追加合格を出した影響等で都立難関校の日比谷が二次募集を行い、横浜翠嵐も定員より少ない入学者数でしたが、2020年度は落ち着いた入試だったようです。

全日制で定員割れをした高校は41校で1071人でした。

昨年の34校615人、一昨年の18校338人、3年前の18校180人から増え続けています。難関校ばかりでなく二番手校でも人気を集める高校が増えている一方、難度の低い高校での定員割れが顕著です。

高校卒業後の進路に対する不安感から「どこでもいいからとりあえず公立に」という傾向はますます弱まっています。東京をはじめ近隣他県でも似た動向がみられ、今後も強まりそうです。

【表6】2018年度受験者数上位10校

1	横浜翠嵐	746人
2	湘南	532人
3	新羽	514人
4	荏田	506人
5	希望ヶ丘	487人
5	多摩	487人
7	七里ガ浜	484人
8	港北	482人
9	川和	475人
10	鶴嶺	473人

ありえない「学校ならどこでも」という選択

CHECK 3

来年度に向け時間配分を身につけよう

英語の長文問題や数学の難問に手こずるとロス

２０１７年度入試から一部導入されたマークシート方式は４回目になりました。

５科合計平均点は２８８・３点で昨年の２６３・０点を25点ほど上回りました。

教科別に見ますと、40点台が続いた社会が42・５点から58・２点に跳ね上がりました。これまでの高い平均点から昨年ダウンした国語も59・１点から69・１点に大きく上昇、昨年６点下がっていた数学も50・３点から55・７点に上がりました。

一方、昨年、低い平均点からアップした理科が61・３点から55・９点に下がりました。56・１点から49・８点に下がっていた英語はほぼ同じ49・４点で５科中、最も低い平均点でした。

英語の長文問題や数学の正答率が極端に低い難問に手こずると時間が足りなくなる危険性があります。

上位校で導入された特色検査「自己表現」の共通問題は

神奈川県の公立高校入試の学力検査では、５科共通問題に加えて、一部の高校では特色検査を実施しています。特色検査には自己表現検査と実技検査の２種類がありますが、学力向上進学重点校や進学重点校エントリー校で実施されているのは自己表現検査です。

２０２０年度入試からは同17校で共通選択問題形式で実施され、マークシート方式が一部導入されました。

特色検査は科目にとらわれず総合的な学力を問うものです。

昨年の７校から17校に増えた特色検査の共通選択問題実施校のうち、昨年より実倍率を上げたのは柏陽、大和、横須賀、小田原、相模原の５校だけでした。一方、これまでと同じ独自問題で「自己表現検査」を実施した市立横浜サイエンスフロンティア、横浜国際・国際バカロレア、神奈川総合・国際文化は実倍率を上げています。

この検査が２年目となる次年度は、今年の反動で倍率緩和校の実倍率が上昇することも考えられます。

苦しい日常のいまこそ地道な積み重ねが大切

49ページでも触れましたが、新型コロナウイルス感染拡大防止のために変則的な生活が続いています。

このようなときこそ、規則正しい生活を心がけ、学校や塾から与えられた課題はもちろん、中１・中２のときの教科書を中心に、復習を重ねて苦手を克服していくなど地道な積み重ねが大切です。

安田 理
やすだ・おさむ。安田教育研究所主宰。教育に関する調査、分析を行う。講演・執筆・情報発信・セミナーの開催・コンサルティングなどで幅広く活躍している。

神奈川県公立高校の入試制度抜粋（2020年度）

【共通選抜】
すべての高校の全日制の課程、定時制の課程及び通信制の課程で実施。
- ○全日制の課程では、定員の100%を募集。
- ○募集は、各学校の課程、学科別に行い、志願は１つの課程、学科、コース等に限る。
- ○志願変更が期間中に１回できる。

【全日制の課程では】
「学力検査」と「面接」を共通の検査として実施。「特色検査」を実施する学校もある。クリエイティブスクールでは学力検査は実施しない。
- ○「学力検査」は課程ごとに問題が異なる。

全日制の課程の学力検査は、国語・社会・数学・理科・外国語（英語）の５教科を原則とする。特色検査を実施する学校では、３教科にまで減らすことがある。

2020年度私立高校就学支援金制度

首都圏
私立高校

就学支援金の世帯年収は両親と中学生１人、高校生１人の４人家族をモデルとしています

ここまでの記事で、受験生の志向が公立高校から私立高校に流れているという分析が記されています。これは一昨年あたりからの傾向で、それをあと押ししているのが、私立高校に通う生徒を持つ世帯への国の就学支援金です。この支援金は今春から拡充されてもいます。このページでは、私立高校を選択肢の1つと考えているみなさんのために、私立高校への就学支援金の実際を見てみることにしました。お子さんが高校進学を控える保護者の方に一読をおすすめします。

CHECK 1 忘れられていた私立高校授業料支援

公立から始まった高校授業料の無償化

２００８年秋のリーマンショックによる不景気などで、子どもを高校に通わせられない家庭が出てきたことを受けて、２０１０年に公立高校の授業料無償化制度が始まりました。

同時に私立高校に子弟が通う家庭には、公立高校を無償化するのと同額を（その高校に）支給するという制度でした。この制度が実施されて以来、全国的に高校進学率が上がり、経済的理由で私立高校を中退する生徒の数も減ったので大きな効果があったといわれています。

しかし、公立高校と違い、私立高校への支給額（公立高校と同じ年額11万８８００円）では私立高校の授業料を全額カバーすることはできませんでした。私立高校の授業料は公立高校の授業料の３倍はあったからです。

家庭の経済的事情で高校に行けない中学生も

２０１１年の東日本大震災による経済の落ち込みもあって、経済的理由で私立高校への進学を断念したり、中退してしまう子どもが、再び増えてきました。

例えば中学時代、進学塾に通う費用がなく、公立高校に受かる学力を養えなかったため、仕方なく私立高校に進学したものの授業料を払えずに中退するという生徒です。

教育の「負の連鎖」を断ち切りたい

教育の「負の連鎖」という言葉が聞かれるようになりました。親の経済状況から子どもに高等教育を受けさせられなかったため、その子どもも低所得となり、そのまた子どもも…という連鎖です。

そこで考え出されたのが、所得による支給制限でした。２０１０年に始まった制度下では、すべての高校生が対象でした。しかし、２０１４年に一定の収入のある家庭には支給しないという改正がなされました。

その分を収入が少ない家庭に回そうという趣旨でした。

これが新・高等学校等就学支援金制度の始まりでした。

２０１４年に改正された新・高等学校等就学支援金制度で、私立高校に通う子どもを持つ世帯が支給を受けることができる条件は「世帯の市町村民税所得割額が30万４２００円未満」になりました。わかりやすく年収に直すと夫婦合わせての世帯年収が約９１０万円未満の世帯ということになります。

ただし、年収５９０万円から９１０万円までの世帯に支給されるのは年額11万８８００円のままでした。

じつは「無償化」といっても、14年からの５年間、年収が５９０万円までの世帯でも階段状に支給額が設定され、私立高校の授業料には届いていなかったのです。この点が改められたのが、今春２０２０年度です。

CHECK 2

利用したい私立高校に手厚くなった授業料の無償化制度

この春の改正で前進した私立高校の授業料無償化

今春の改正では、４月から私立高校に通う年収５９０万円未満の世帯には、これまで以上の支給が行われることになり、通っている私立高校の授業料全額（上限額は全国の私立高校平均授業料39万６０００円）がカバーされることになりました。

在校の２、３年生についても同様の額が支給されることとなり、私立高校に通う子どもを持つ家庭にかなり手厚くなったのです。

といっても、年収５９０万円以上から９１０万円未満の世帯に支給されるのは、旧制度から変わらず公立高校の授業料と同額の11万８８００円だけです。

しかし後述しますが、都や県によっては年収５９０万円を超える世帯に対して、さらに上乗せして支援する自治体が多く出てきました。

私立高校に通う子どもを持つ家庭にとっては朗報といっていいでしょう。

これまで、私学や私立学校ＰＴＡが続けてきた「無償化に対する公立との格差の改善」の訴えが実ってきた印象です。

私立高校に子どもを通わせている世帯への国の支援により、一昨年、昨年と私立高校をめざす中学生が増えてきたことも、私学の側は、長く「訴え」を続けてきた甲斐があったというものでしょう。

そして、今春から始まった支援金の拡充が浸透することによって、さらに私立高校をめざす層が厚くなることも期待されています。

CHECK 3

年収の証明は「住民税決定通知書」記載の金額で行う

申し込みは学校からの案内で新入生は2回申請の必要性が

支給を受けるときの注意事項 ありえる「思わぬ計算違い」

4月からの私立高校授業料への支援金制度拡充は、私立高校に子どもを預けている多くの世帯にとって負担軽減になり、嬉しいニュースではあります。

ただ、支援は授業料のみであること、所得制限があること、年収の判定基準が変わること、支給を受けるには自ら申請せねばならないことなど、「知らなかった」が、思わぬミスにつながり、せっかくの制度を利用できないこともあるので注意したいところです。

注意することでは、例えば就学支援金制度の対象になるのは授業料のみだということです。授業料が無償になっても、教科書費、教材費、学用品費、通学用品費、PTA会費、修学旅行費といった、授業料以外は含まれません。

しかし、授業料以外の教育費に対しては、高校生等奨学給付金という制度がありますので調べましょう。

この奨学金は、所得によって国が基準を示しており、満たしていれば受けられる制度です。

都道府県によっては独自の給付を行っているところもあります（57ページ参照）。

共働きか、子どもの数と年令 様々な区分があるので注意

さて、ここまで述べてきた目安となる「世帯の年収金額」は、両親と高校生1人、中学生1人の家庭をモデルとしたもので、これ以外の場合は微妙に変わってきます。

このモデルは両親のどちらかが働いている場合で、保護者が共働きの場合は、合計した年収が対象になります。

年収はあくまで「目安」で、様々な控除によって、支援されるかどうかに加え、その金額が決まります。また、その内容で今春から変更されている事項もありますのでよく調べましょう。

新入生の支援金申請は 4月と7月に2回申し込む

さて、注意したいことのもう1つは申請の仕方です。

今年4月～6月分の就学支援金は、昨年出された住民税決定通知書にある所得割の金額に基づいて決定されます。

7月分からは新たな判定基準が適用されますので、私立高校在校生は7月分から計算されて支給されるのですが、新入生は7月分からの分を再度申請せねばなりません。つまり新入生は3カ月の間に2度申請せねばならないわけです。

申請については、通学している私立高校から年度の初めに通知がありますので、見逃さないようにしましょう。

さて、この支援金の受け取りは、各家庭に配られるわけではなく、学校側に支払われます。

その方法には2つあって、学校がいったん受領して授業料と相殺する方法が、まず1つ。この場合、保護者は授業料を用意することはありませんが、2つ目の方法として、保護者がいったん授業料を支払い、学校から還付を受け取るという方法があります。

ただ、新入生の場合、申請から支援金受領が許可されるまでに時間がかかりますので、支給が始まるまでに、いったん授業料を納めなければならない学校がほとんどです。

CHECK 4

都や県からも手厚い上乗せ支援がある

国の制度に独自の支援策を上乗せして、私立高校通学世帯を支援している都道府県も珍しくありません。
とくに首都圏には、手厚い支援を行っている都県がそろっています。

東京

私立高校通学世帯のほとんどをカバー

東京都は、国の支援金が拡充されるこの春に合わせるように、大きな支援策を打ち出しました。授業料の実質無償化の範囲を、年収の目安が９１０万円未満の世帯まで広げたのです。国の制度と合わせると支給額の上限が都内の私立学校授業料平均額、年最大46万１０００円に届くのです。年収９１０万円までといえば、教育費がかかる世帯のかなりをカバーできるはずで、文字通りの「授業料無償化」といえます。

そのほか２０２０年度からは、23歳未満の子どもが３人以上いる世帯に対し、その年収にかかわらず５万９４００円を「私立高等学校等特別奨学金」として支給することにしました。この金額は公立高校の授業料の半額にあたります。

埼玉

子ども３人の世帯なら追加で支援策を投入

埼玉県の私立高校の授業料平均額は37万８０００円ですが、国の就学支援金では足りない部分について、埼玉県では年収の目安約６０９万円未満の世帯まで補います。さらに年収約７２０万円未満の子どもが３人いる世帯についても、国の支援金と合わせて37万８０００円の授業料がカバーされるようにしています。

また、埼玉県では入学金についても年収約６０９万円未満の世帯までには、10万円が補助されます。さらに、年収約５００万円未満で全日制に通っている子どもがいる世帯には、施設費等の補助として20万円が支給されます。

神奈川

年収７００万円未満まで授業料完全無償化へ

神奈川県は今年度から、年収の目安が約７００万円未満の世帯を対象として、国の支援金と合わせ授業料の完全無償化を実現しています。これまでは５９０万円未満の世帯までが対象でした。共働きの世帯も対象に含まれる可能性が増しました。

支給上限額は同県の私立高校平均の44万４０００円（国の支援金と合算）となります。

これまで高校入学金への補助も、埼玉同様10万円でしたが、今春から年収が２７０万円未満の世帯には20万８０００円までが補助されます。

千葉

千葉も今年度支援金拡充 年収６４０万円までを無償化へ

千葉県にも「授業料減免補助制度」と呼ばれる就学支援金制度があります。その内容が今年度から拡充されることが決まっています。

以下は、これから発表予定ですが必ず確認をお願いします。

これまで、年収６４０万円未満の世帯には、国の支援金を含めて授業料の３分の２が補助されていましたが、全額補助に改訂される予定です。

年収７５０万円未満の世帯には、国の支援金を含めて授業料の３分の２が補助されるよう改められることになります。

また、年収３５０万円以下の世帯に、15万円までを上限に入学金が支給されます。

◇

なお、これら都県の就学支援金も国の支援金同様、申請をする必要があります。学校からの連絡に気を配りましょう。

受験生のための Q&A

文化系の部に所属していて引退が秋ごろの場合、受験勉強はどう進めたらいいですか？

所属する文化系の部は秋ごろまで活動があるので、受験勉強に集中するのが周りよりも遅くなってしまいます。そのため、いまのうちから計画的に受験勉強を進めておこうと思うのですが、注意点を教えてください。

（東京都足立区・KS）

夏期講習などをうまく活用しつつ、メリハリをつけて部活動と受験勉強を両立しましょう

運動系の部は夏休み前の段階で引退となることが多いのですが、文化系の部はコンクールや発表会などの関係で、どうしても中３の秋ごろまで活動していることが多いようです。また、運動系の部に比べて活動終了時期が不明確になりがちですので、いつ終了するのか、前もって確認しておくことをおすすめします。

さて、ご質問の「計画的に高校受験に臨むための注意点」は、いくつかあります。まずは中３の春から、受験生としての心がまえをしっかりと持つことが大切です。塾に通っている場合は、塾のスケジュールに沿ってコンスタントに勉強すれば受験に必要な基礎学力はしっかり身につくはずですからそれに従いましょう。

次に、中３にとって非常に大切な時期が夏休みです。塾の夏期講習に参加することを前提として、部活動の日程を組むようにしたいものです。練習の関係で講習に出られない日があったとしても、ほかの日は夏期講習を受けることを原則としてください。

そして、日々の学習は「今日はなにを勉強するのか」をはっきりさせて臨むようにしましょう。「さて、勉強しよう」と思って机に向かっても、なにをやっていいかわからず、ついダラダラと時間を過ごしてしまっては時間がもったいないからです。

秋まで部活動をしたからといって、受験が格段に不利になるようなことはありませんから、ここであげたポイントを心がけながら、計画的に勉強を進めていってください。

塾でも学校でもテストが多くなって、テストの見直しがなかなかできません

受験学年になったら、塾や学校のテストがかなり多くなりました。終わったテストの見直しが大事だとわかってはいても、宿題や予習などもあってなかなか見直しまで手が回りません。なにを優先したらいいのでしょうか。

（千葉県船橋市・HK）

あれもこれもとならないように、自分なりの基準を設定しておくことが大切です

次に同種の問題と出会ったときは確実に解けるようにするためにも、できなかった問題はすべて確認し、解き直すことが理想とされています。とはいえ、ご指摘通り、中3になると学校・塾・模試などテストの量も増え、全部をきちんと復習するのは困難な場合も出てくると思います。

そこで、テストの見直しについては、自分なりの基準を設けて行うようにしてみましょう。例えば、学校のテストは全部を見直すけれど、塾のテストや模試など、問題ごとの正答率データがあるものは、「全体の正答率が60％以上」の問題を復習するようにします。そして、見直す量が少ないようなら正答率の基準を上げるという工夫をしてみるのです。

また、「見直しのやり方がわからない」という声も聞きます。そんな人はまず「間違った問題をなぜ失点したのか」を自分なりに分析してみましょう。ケアレスミスもあるでしょうし、知識不足で解けなかった問題もあるでしょう。そうした失点の原因をチェックすることが見直しの第一歩です。

なお、見直しでは整理ノートを作るのもおすすめです。見開きのノートを用意し、誤答の問題部分をコピーして左側に貼り、右側に解き方と解答を書く（時間がなければ、解答を貼るのも可）というものです。

こうした整理ノートは、自分だけの問題集として使うこともできます。間違いやすい分野がどこなのか、どういうタイプの問題に弱いのかもわかりますので、うまく利用しましょう。

高校受験において、親は子どもにどのようなサポートをすればいいのでしょうか？

高校受験の場合、子どもに必要な親のサポートとは具体的にどのようなものがあるのでしょうか。あまり親がうるさく言いたくはありませんし、勉強面でのアドバイスは内容が難しいこともあり、十分にできそうもありません。

（東京都世田谷区・YH）

親は環境面、健康面のサポートを重点的に。勉強面のサポートは塾や学校の先生を頼りましょう

高校入試の場合、親のサポートは環境の整備と健康面の管理、そして、志望校選択のアドバイスなどが中心になるでしょう。

環境の整備とは、受験準備に向けた塾の選択やその相談にあたることです。お子さんに適した塾を選んで、通塾の環境を整えてあげてください。そして、健康面の管理とは、風邪などをひかないように、十分な睡眠の確保、栄養バランスのとれた食事の提供といった体調を整えるためのサポートです。さらには悔いなく受験ができるように、志望校選択でも親目線のアドバイスをすることが重要です。

お悩みの勉強面のアドバイスについては、無理して家庭で勉強をみる必要はありませんが、もし可能であれば、勉強の手助けというスタンスを崩さず、「どこがわからないのか」「どうしてつまずいているのか」をお子さんといっしょに考えるといいでしょう。

そして、そこで出た疑問を塾や学校の先生に質問することをすすめてください。その際、たんに「これを教えてください」というのではなく、「ここをこうやって考えてみたのですが、うまくいきません」「この部分がどうしてこうなるのかわかりません」というように、自分の疑問点を明確にしておくと、先生方も教えやすくなります。

お子さんは先生に質問することをなんとなく気おくれすると思うかもしれませんので、ぜひ親御さんから上記のような聞き方をアドバイスしていただければと思います。

中学受験で失敗した学校を、高校受験で再チャレンジするという息子が心配です

息子は３年前の中学受験で失敗した私立の高校受験に再チャレンジしようとしています。中学受験での失敗がトラウマになって精神的にマイナスにならないか、そして入学しても中学から内部進学した方についていけるか心配です。

（東京都小金井市・NU）

本人のチャレンジしたい気持ちを応援して。内部進学者とは別カリキュラムのことが多いので安心を

まず、中学受験の失敗をひきずるのでは、というご心配は、受験生本人が納得して、中学受験と同じ学校の高校入試にチャレンジしようとしている限り、大丈夫だと思います。

高校募集を停止する学校も増えてきましたが、依然として高校段階でも募集を行っている中高一貫校もあります。そうした学校の高校受験の合格者のなかには少なくない割合で、中学受験で涙をのんだあと努力して、高校受験で合格を果たしたという入学生が存在します。

そうした生徒について先生方は、「中学入試では残念な結果だったのに、諦めずに頑張った生徒たちなので、学校への愛校心も強く、入学後も頑張る生徒が多い」と語っています。

もう１つ、中学からの内部進学者に勉強面でついていけるかというご心配についてです。一般的に中高一貫校では、中学段階で先取り学習を行い、中３で高１の内容を履修するカリキュラムとなっています。

しかし、高入生は高１段階で内部進学者とは別クラスで授業を行い、高２から内部進学者と同一のカリキュラムに再編成される形をとることが多いようです。

このように各校では長年の経験から、なるべく無理がない形で高入生の学習カリキュラムを編成しています。高校募集を実施しているということは、高入生のケアをきちんとしているという意味でもありますから、お子さんが勉強についていけないかも、というご心配は無用です。安心してください。

江《え》戸《ど》川《がわ》女《じょ》子《し》高等学校

東京　女子校

問題

関数$y=x^2$のグラフ上に点Pが，関数$y=\frac{1}{2}x^2$のグラフ上に点Qがある。ただし，点P，Qのx座標は正とする。点Pからx軸に下ろした垂線とx軸の交点をR，点Qからx軸に下ろした垂線とx軸の交点をSとするとき，次の問いに答えなさい。

(1) 点P，Qのx座標がともに2であるとき，△OPQの面積を求めなさい。

(2) 点P，Qのy座標が等しく，x座標の差が3であるとき，点Pのx座標を求めなさい。

(3) 点Qのx座標が点Pのx座標より4だけ大きく，△OPR∽△OQSが成り立つとき，点Pの座標を求めなさい。

解答 (1) 2 (2) $3+3\sqrt{2}$ (3) (4, 16)

●東京都江戸川区東小岩5-22-1
●JR総武線「小岩駅」徒歩10分、京成線「江戸川駅」徒歩15分、JR常磐線「金町駅」バス
●03-3659-1241
●https://www.edojo.jp/

入試説明会 要予約

10月10日(土)14:00~
10月18日(日)12:00~
10月25日(日)12:00~
11月 7日(土)14:00~
11月14日(土)14:00~
11月21日(土)14:00~
11月28日(土)14:00~

鎌《かま》倉《くら》学《がく》園《えん》高等学校

神奈川　男子校

●神奈川県鎌倉市山ノ内110
●JR横須賀線「北鎌倉駅」徒歩13分
●0467-22-0994
●https://www.kamagaku.ac.jp/

説明会 要予約

10月17日(土)10:00~11:30
11月 7日(土)10:00~11:30
11月28日(土)10:00~11:30
13:00~14:30
12月 5日(土)10:00~11:30

問題

図のようなテーブルにA，B，Cの3人が座り，1つのさいころを1回ずつ投げて，出た目の数を得点とします。奇数の目が出たときは，右側の人の得点になり，偶数の目が出たときは，左側の人の得点になります。また，3の倍数の目が出たときは，自分の得点にもなります。

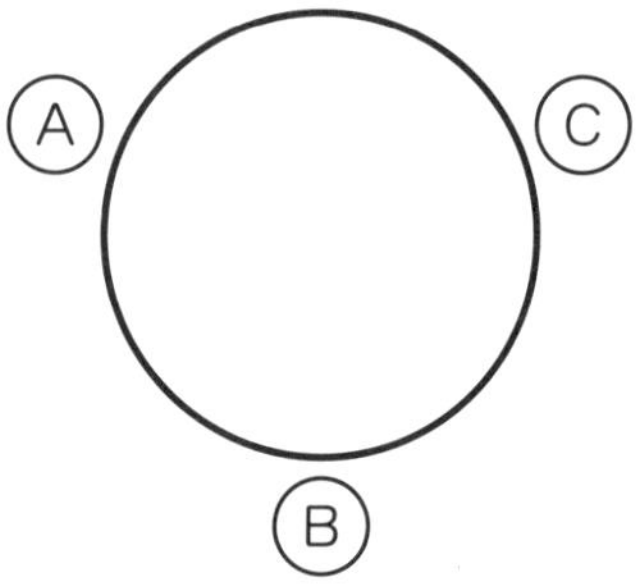

次の問いに答えなさい。

(1) Aが17点になる確率を求めなさい。
(2) Bが0点になる確率を求めなさい。
(3) Cが5点になる確率を求めなさい。

解答 (1) $\frac{1}{216}$ (2) $\frac{1}{6}$ (3) $\frac{23}{216}$

成蹊《せいけい》高等学校

東京　共学校

●東京都武蔵野市吉祥寺北町3-10-13
●JR中央線ほか「吉祥寺駅」徒歩20分またはバス、西武新宿線「武蔵関駅」徒歩20分、JR中央線「三鷹駅」・西武新宿線「西武柳沢駅」バス
●0422-37-3818
●https://www.seikei.ac.jp/jsh/

問題

白い砂xgと赤い砂ygを空の容器Aに入れて均一になるまでよくかき混ぜた。次に，容器Aから2割の砂を取り出して空の容器Bに移した。さらに，容器Aには容器Bに移した砂全体と同じ重さの赤い砂を入れ，容器Bには12gの赤い砂を入れた。次の各問いに答えよ。

(1) 上記の操作を行った後の，容器Aに入っている白い砂，赤い砂の重さをそれぞれx，yを用いて表せ。

(2) 上記の操作を行った後の，容器Bに入っている白い砂，赤い砂の重さをそれぞれx，yを用いて表せ。

(3) 上記の操作を行った結果，容器A，Bともにそれぞれの容器内で，赤い砂と白い砂の重さが等しくなったとする。このとき，x，yの値を求めよ。

解答　(1) 白い砂：$0.8x$g，赤い砂：$0.2x+y$g　(2) 白い砂：$0.2x$g，赤い砂：$0.2y+12$g
(3) $x=150$，$y=90$

和洋国府台女子高等学校《わようこうのだいじょし》

千葉　女子校

●千葉県市川市国府台2-3-1
●京成線「国府台駅」徒歩9分、JR総武線「市川駅」・JR常盤線ほか「松戸駅」・北総線「矢切駅」バス
●047-371-1120
●https://www.wayokonodai.ed.jp/

体育大会
6月 4日(木)

オープンスクール
8月22日(土)　9月26日(土)
両日とも13:30～

学園祭
9月19日(土)　9月20日(日)

学校説明会
9月26日(土)　11:00～
11月14日(土)　10:00～
11月21日(土)　10:00～

問題

1辺の長さが8cmの正三角形ABCと，1辺の長さが$x$cmの正三角形PQRがある。次の図のように，辺ACを3：1に分ける点をDとし，頂点Pを線分AD上にとり，直線BD上に辺QRが重なるようにおく。DQ＝4cmのとき，次の問いに答えよ。

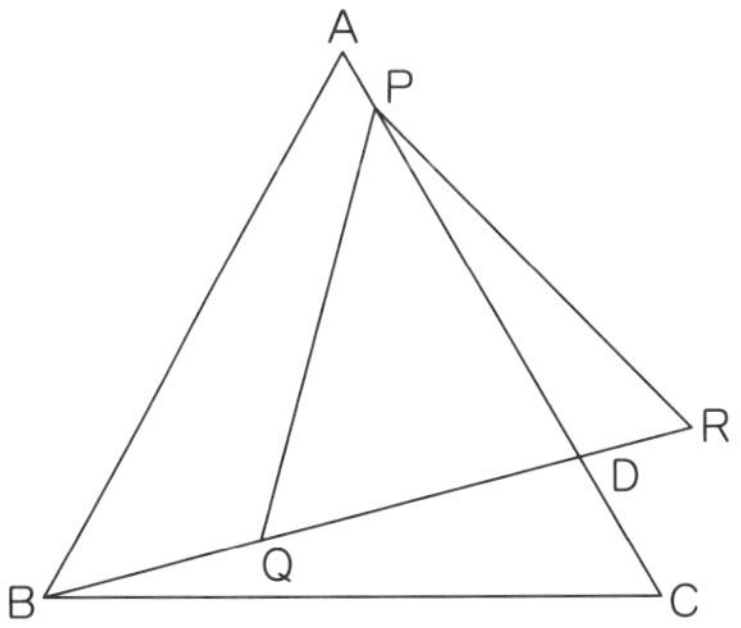

(1) xの値を求めよ。
(2) 四角形ABQPの面積を求めよ。

解答　(1) $x=\frac{16}{3}$　(2) $\frac{20\sqrt{3}}{3}$cm^2

何かをしたい、をカタチにしたい。

中央大学杉並高等学校

〈共学校〉

都内でも珍しい、高校から始まる7年間の高大一貫教育校である中央大学杉並高等学校（以下、中杉）。すべての生徒が高校から入学し、例年9割以上の生徒が中央大学へと進学しています。

模擬裁判選手権、PBL版グローバル・スタディーズ（カンボジアで学ぶSDGs）、卒業論文など、7年間の豊かな時間を活用した独自のプログラムで、各界から注目を集めています。

ケンブリッジ英検の導入

その中杉が、また1つ新たな取り組みを始めました。それがケンブリッジ英検の導入です。ケンブリッジ英検は、100年以上の歴史を持つ英語検定試験で、中杉では全生徒がこの試験を校内で受検するようにしました。

ケンブリッジ英検の特徴として、まず世界標準であるということ、そして非英語圏に暮らす高校生の英語能力を測るにふさわしい試験であるということがあげられます。中杉では中央大学と共同で、今の高校生にとって何が必要であるかを協議し、その結果選ばれたのがこのケンブリッジ英検です。

山岸竜生副校長は、「中学生のみなさんには『大学に入ること』自体を目標にしてほしくありません。大学生にならないという選択肢はあっても、社会人にならないという選択肢はありません。そうであるのなら、社会人になることから逃げずに、真正面から向き合ってほしい」と語ります。

2019年、英語民間試験の大学入試への活用をめぐって大きな混乱が生じました。しかし、中杉では、社会人になったときに何が必要かという観点から、ケンブリッジ英検の導入を決定しており、大学入試がどのように変わろうとも、社会人を育てるという中杉の一貫した姿勢がぶれることはありません。

これが高大一貫教育校である中央大学杉並高校の強みなのです。

ニュージーランドへのターム留学

新しい取り組みの2つめは、2020年度から始まるニュージーランドへのターム留学制度です。ターム留学とは、1年生、あるいは2年生の3学期に、ニュージーランドの高校に3カ月間ホームステイで留学するといったものです。

中杉では20年ほど前から、オーストラリア研修、イギリス・オックスフォード研修、アジア研修、さらには2年前から全員必修の台湾研修を行ってきましたが、このターム留学が始まることによって、中杉生にとって新たな選択肢がまた1つ増えることになります。

ターム留学について大田美和校長は、「中央大学への内部推薦資格を保持したまま、休学しないで留学できるので、生徒の関心も非常に高くなっています」とのべています。

ここ数年、人気急上昇の中杉ですが、さらなる受験生の注目を浴びることになりそうです。

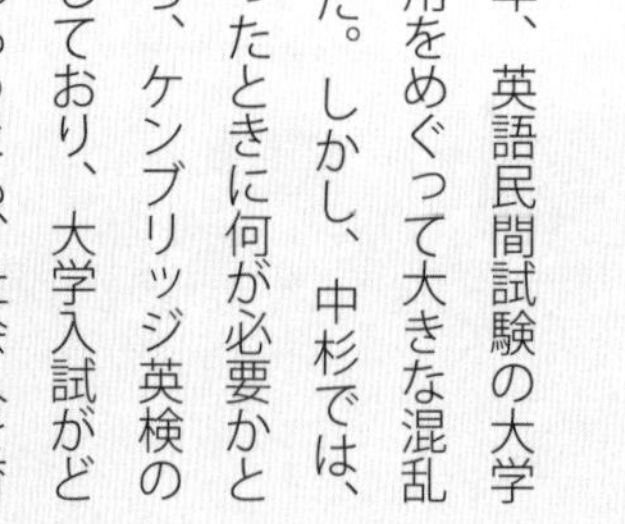

●Address
東京都杉並区今川2-7-1

●TEL
03-3390-3175

●Access
JR中央線・東京メトロ丸ノ内線「荻窪駅」西武バス８分、西武新宿線「上井草駅」徒歩12分

●URL
http://www.chusugi.jp/

SHIBUYA MAKUHARI
JUNIOR and SENIOR HIGH SCHOOL
自ら調べ、
自ら考える

来年から始まる大学入学共通テスト

中学生の未来のために！
大学入試ここがポイント

高校受験の舞台にあがる前に、その先の「大学のこと」を知っておくのは、
とても重要なことです。とくにいま、大学のあり方と並んで、
大学入試のあり方が問われ、新たな施策がニュースとなっています。
受験までの間はあっという間です。そのとき迎える大学入試の姿を、いまのうちから、
少しでもいいのでとらえておきましょう。
4月号まで、大学入試センター試験が大学入学共通テストに改められ、
来年の大学入試から新制度が始まる話をしてきました。
4月号ではこれまで行われていた大学入試センター試験が
どのように実施されていたかを中心に話を進めました。
今月号からは、これからの大学入試に向かうみんなのために
新たに始まる大学入学共通テストはどんな試験なのかについてお話しします。

NEWS

「大学入学共通テスト」でなにが変わるのだろう

学年が進み、高校受験をめざす3年生であっても、このページを読むのは初めてという人もいるでしょう。ここは、難関大学附属高校に進むことになる人は別として、3年後には多くの人が挑むことになる「大学入試」にかかわる情報をリアルタイムに知っておこうというページです。

大学入試については詳しいことはわからないという人が大半だと思います。

そんな人でも「センター試験」という言葉は聞いたことがあるでしょう。そう、大学受験生が乗り越えなければならない、最初の関門がセンター試験（正式には大学入試センター試験）でした。しかし、この試験は今年1月の試験が最後となりました。

来年は、装いも新たに「大学入学共通テスト（以下、共通テスト）」が始まります。

昨年11月、文部科学省は来年度から導入予定の、その「共通テスト」の目玉であった「英語の民間検定試験結果の導入」、また「数学、国語で採用予定だった記述式解答」を断念、再検討することを表明しました。

このニュースは連日、新聞・テレビをにぎわしましたからご存じの方も多いでしょう。

だからといって、共通テストがセンター試験に逆戻りするわけではありません。

同じなのは、試験実施の日程と実施教科（科目）です。

センター試験と同様に1月の中旬の2日間で実施されます。

初回の実施は、来年、2021

英語の配点はリーディングとリスニングが同じ100点に

年の1月16日（土）・17日（日）で、センター試験と同様の6教科30科目が出題されます。

知識の理解の質を問う問題が作成される

センター試験が共通テストに改められることになったのは、センター試験で偏りがちだった「知識・技能」だけでなく、大学の勉強で求められる「思考力・判断力・表現力」をいっそう重視しようということからです。

解答形式はマークシート方式で変わりませんが、問題を作るときの考え方や出題形式は見直しが進められています。

作問は、センター試験の作問を担ってきた独立行政法人の大学入試センターが、同じく行います。

受験生の学力を測るため、高校段階の基礎的な学習の達成度を判定し、大学教育を受けるために必要な能力を持っているかどうかを見極めることを目的に実施されるのが共通テストです。

そのため、問題作成は「知識の理解の質を問う問題や、思考力、判断力、表現力を発揮して解くことが求められる問題を重視する」とされています。

ただ、センター試験の時代にも知識の理解の質を問う問題や、思考力、判断力、表現力を活用して解く問題が出題されていなかったわけではありません。

センター試験は、年ごとに問題の評価・改善が重ねられて実施されてきました。ですから、共通テストでも、センター試験での良問の蓄積を受け継ぐことが明記されています。

大学入試センターは、これまで2回のプレテストを行っていますので、そこから見えてくる内容から、具体的にはどんな出題が予想されるのかもみてみましょう。

共通テストでの英語が変わる筆記はリーディングに改称

中学・高校までに学んだことの定着度を測ることが目的ですから、現在、進行中の学習指導要領の改訂に沿った出題になります。

小学校を皮切りに、中学、高校の教育も現在進行形で変わっています。変化するのは高校までの教育の中身だけではなく、その教育による学力を評価する大学入試のあり方や方法も変わってくるというわけです。

新学習指導要領で、最もめだつのが英語における変化でしょう。

共通テストでも、外国語のうち「英語」については、問題の名称や配点が変更されます。

センター試験では英語受験者には「筆記」「リスニング」が課されていましたが、「筆記」は「リーディング」に改称されるとともに、配点が200点から100点に変更されます。一方、「リスニング」の配点は50点から100点に変更され、「リーディング」と同配点になります。

「リーディング」では、様々な文章や文献から要点を把握する力や、必要な情報を読み取る力などを問うことが狙いとなります。

ただ、センター試験で出題されていたような、発音、アクセント、語句整序などを単独で問う出題はなくなります。

そして「リスニング」では、読み上げられる音声の回数が、2回となっていましたが、なかには1回しか読み上げられない問題ができます。

東大入試突破への現代文の習慣

東大入試を突破するためには特別な学習が必要？ そんなことはありません。
身近な言葉を正しく理解し、その言葉をきっかけに考えを深めていくことが大切です。
田中先生が、少しオトナの四字熟語・言い回しをわかりやすく解説します。

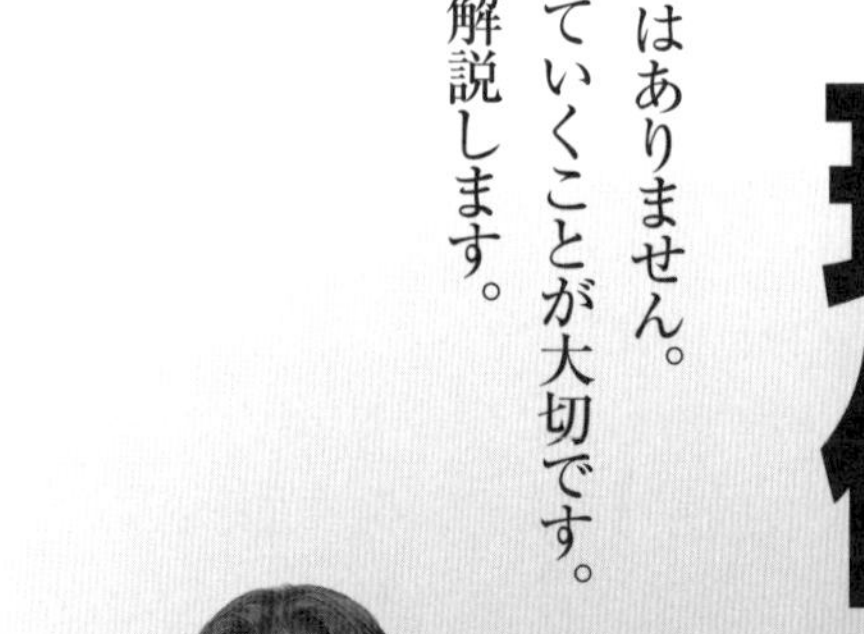

早稲田アカデミー教務企画顧問
田中としかね

東京大学文学部卒業
東京大学大学院人文科学研究科修士課程修了
専攻：教育社会学
著書に『中学入試 日本の歴史』『東大脳さんすうドリル』など多数。文京区議会議員として、文教委員長・議会運営委員長・建設委員長を歴任。

田中先生の「今月のひと言」
精神的にも大きく成長できる「創造的休暇」を過ごそう！

今月のオトナの四字熟語
不要不急

新型コロナウイルス感染症の流行が始まり、わずか数か月ほどの間にパンデミックといわれる世界的な流行となっています。日本でも新型コロナウイルス対策の特別措置法に基づく緊急事態宣言が政府より発令されました。東京都からは都民に対して「不要不急の外出を控える」といった要請がなされています。皆さんにも、友達の家に行くことや屋外で一緒に遊ぶことを、避けるよう求められています。「家で過ごそう（Stay Home）」という呼びかけのもと、感染拡大防止のため、通院・食料の買い出しなどといった「生活の維持に必要」な場合を除き、原則として外出を自粛しようということになっています。

「不要不急」という四字熟語を少し考えてみましょう。「不要」は「必要でない」、「不急」は「急ぎではない」、という意味になりますよね。「不要」の反対語は「必要」だとわかりますが、「不急」の反対語はなんでしょうか？ 「急がなければならない」という意味の熟語ですよね。それは「至急」（非常に急ぐこと）や「火急」（急を要すること）になるでしょう。四字熟語としてはこなれていないのですが、無理やりくっつけると「至急必要」というように「不要不急」の反対語をつくることができるかもしれません。

「家でどうやって過ごせばいいです

か？」という相談を受けることも多いのですが、「勉強してください」という回答以外を期待されているのでしょうね（笑）。こんなときには歴史に学びましょう！　時は14世紀、場所はイタリアのフィレンツェです。ヨーロッパでは「黒死病」といって恐れられた感染症ペストが蔓延《まんえん》していました。その最中、都会での接触を避けるため、郊外の別荘にこもることにした男女10人がいます。命が脅かされている不安を振り払おうと、10人はそれぞれ毎日一つずつ物語を語り始めます。それが10日間続いて全部で100の物語がつむぎだされるというお話です。ルネサンス期を代表する文学者であるジョヴァンニ・ボッカッチョの著書『デカメロン』の内容になります。「デカメロンって、あれですか？」聞きたいことはわかります。日本の各地に「巨大なメロンパン」を販売するパン屋さんが存在しますからね。もちろん「でかい」でも「メロン」でもありませんよ。デカメロンはギリシャ語の「10日」に由来する言葉なのです。

日本に先立って緊急事態宣言が出されたイタリアでは、このボッカッチョの『デカメロン』を読み直してみよう、という動きが広がっています。きっかけは「昔の人達はこんなときどうしていたのだろうか？」という問い掛けからだそうです。「全部封鎖されてしまった。どこにも行けない。でも毎日の忙しさのなかで、思うようにできなかったことに時間を割くことができる。もしかしたらそんなに悪いことでもないのかもしれない」と、不安のなかでもできることを一つずつ始めようとしているイタリアの人たちの声が、インターネット上では聞こえてきます。

皆さんにもぜひ「古典を読む」というチャレンジを始めてほしいと思います。そしてこうした状況の中、世界中で売り上げが増加しているという「古典」があることをご存知でしょうか？古典といっても、発表されたのは1947年ですから今から73年前になります。「まるで現在の状況を予言しているかのようだ」と話題になっているその著書のタイトルは『ペスト』といいます。ペストという感染症に翻弄されながらも、その脅威に立ち向かっていく人々を描いた作品です。作者はアルベール・カミュ（Albert Camus）。ノーベル文学賞を受賞したフランスの小説家ですよ。ここで先ほどの「でかいメロンパン」と同じような小話？を一つ。東京大学のフランス語の授業でのことでした。テキストに登場したCamusを「カマス」と読んでしまった同級生がいたのです。担当の富永教授がさりげなく返しました、「君、塩焼きじゃないんだから」と。教室は笑うに笑えない妙な雰囲気に包まれていましたね。話をもとに戻して「古典のすすめ」でした。『デカメロン』を皆さんにお勧めするのは、昭和的な言い方をすると「風紀委員に叱られそう」で、ちょっと躊躇《ちゅうちょ》するのですが、『ペスト』はお勧めです！　主人公である医師リウーの「こんな考え方はあるいは笑われるかもしれませんが、しかしペストと戦う唯一の方法は、誠実さということです。……僕の場合には、つまり自分の職務を果すことだと心得ています」という言葉は、今まさに胸に迫ってくるものがありますよ。

今月のオトナの言い回し

地歩を固める

「地歩」は「ちほ」と読みます。「ある人が占めている位置や役柄」という意味を表します。「地歩を固める」という言い回しによって「自分の地位や立場を確かなものにする」ということになります。今回、なぜこの言い回しを取り上げたのかといいますと、4月になって学校の新学期が始まる時期に、いつも思い出す「表現」があるからなのです。それは村上春樹さんの小説『ダンス・ダンス・ダンス』に出てきます。

「一週間が過ぎた。春が地歩を固め、確実に前進していく一週間だった。春は一度も後戻りしなかった。三月とは全然違うのだ。」

「春が自分の地位を確かなものにしていく」というニュアンスが、なんともいえず好きなのです（笑）。今年の冬から春にかけての時期は、状況が状況でしたので重苦しいものがありました。季節の変化といっても「外出自粛」の最中では、直接的に感じられるものがありませんでしたからね。そんな中でも「春が地歩を固め、確実に前進していく」ということと「春は一度も後戻りしなかった」ということは、信じることのできる確かなこととして、我々に希望を与えてくれたように思います。『ペスト』の医師の言葉を借りれば「春は誠実に、その職務を果たしてくれた」ということでしょう。後戻りはありませんからね。前進していくのです。自分にできることを誠実に手掛けていきましょう。「地歩を固める」のです。

学校が休みになってしまった自宅での勉強は、不安にかられることもあるでしょう。つい「授業があったら」と考えてしまうと思います。でも、自分できることに目を向けましょう。授業と違ってもいいのですよ。自由に自分の興味関心を広げることが許されているのですから。お勧めしたように古典にチャレンジするのもいいでしょう。弱点のある科目があれば、じっくりと鍛えなおすこともできますね。得意な科目があれば、どんどんと深く追究することもできますよ。

近代科学の創始者ともいわれるアイザック・ニュートンはご存知でしょうか。力学、数学、光学の三つの分野で打ち立てられた「三大業績」で有名です。1643年にイギリスで生まれたニュートンは1661年にケンブリッジ大学に入学しました。ところがその学生時代にロンドンではペストが流行し、ケンブリッジ大学も休校となったのでした。ペストを避けて1665年から1666年の間、ニュートンは実家のある故郷に戻っています。そこで過ごした18か月はゆとりをもって思索する時間にあてられることになったのです。

リンゴが落ちるのを見て万有引力の法則に気付いたという有名な伝説は、このタイミングで生まれたのですよ。ニュートンの三大業績はすべてこの時期に着想されたといわれています。ニュートン自らこの期間のことを「創造的休暇」と呼んでいますからね。皆さんに与えられたこの時間を有意義に過ごしましょう！　地歩を固めるような創造的休暇を過ごしてくださいね！

個性豊かな部活動・サークルで青春を謳歌する東大生たち

大学受験を終えて、いざ大学に入って驚いたのは、自由時間の使い方の選択肢が多いことです。大学生になるとできることの幅がそれまでとはケタ違いに広がり、部活動、サークル、アルバイト、そのほか課外活動など、みんな様々なことに取り組んでいます。今月はそのうち、部活動・サークルについてお話しします。

まず東大には何百個もの部・サークルが存在します。毎日練習があるもの、不定期に集まるもの、定番のスポーツ系から、温泉巡りをするサークルやみかん好きが集まるみかん愛好会といった、趣味を極めたようなものまで多種多様です。最近人気があるのはクイズや謎解きに関するサークルで、テレビなどのメディアにもよく紹介されています。

新歓の時期になると、2年生以上は自分の部やサークルの存続をかけて新入生を全力で勧誘するので、新入生は先輩の話をたくさん聞けたり、おいしいご飯をおごってもらえたりします。さらに普段なかなかできないことも体験できて、馬術部では馬に、ヨット部ではヨットに乗りました。海面すれすれの状態で海を疾走したときの爽快感はすごかったです。

私は入学前から水泳部とピアノサークルに入ろうと決めていましたが、それまで考えていなかった団体からも勧誘を受け、運動部でマネージャーとして選手を全力で支えたり、ダンスや歌をステージで披露したりするのもありかなと、かなり心が揺れ動きました。

他大学とも交流して友だちの輪が広がる

結局は元々考えていた水泳部競泳陣に入りましたが、興味のある団体の体験イベントにいくつも参加したおかげで、女子の友だち（東大に女子は約2割しかいないんです）もたくさんできました。

このように女子が少数派なこともあり、男子は東大、女子は東大女子＋他大学の女子で構成されている東大公認サークルも数多くあります。私が一時期入っていたピアノサークルにも音楽大学の学生がいましたし、運動系の団体もマネージャーは他大学から募集することが多いです。

また、他大学とのつながりといえば、北海道大学、東北大学、東京大学、名古屋大学、大阪大学、京都大学、九州大学の運動部が各競技で戦い、総合順位を競う「七帝戦」という大会があります。水泳部も毎年これらの大学のうちいずれかに遠征をして水泳で競うとともに、各大学の選手と交流もしています。仲良くなると互いの部のTシャツを交換したりするので、とても楽しいです。他大学の友だちができるのは嬉しいですね。

東大に入って気づいたのは、東大生は勉強以外のことを頑張ってきた人がたくさんいるということです。水泳部には中高時代に全国大会に出ている人が何人もいます

私の周りの東大生

特色あるプログラムに参加し将来の視野が広がったKくん

工学部都市工学科都市計画コース３年のＫくん

東大には、入学直後から１年間休学し、休学中だからこそできる様々なこと（ボランティアや国際交流など）に取り組む「Fly Program」というものがあります。今回紹介するＫくんは、高校時代に自信のあった勉強だけでは東大で通用しないのではと危機感を覚えたことから「Fly Program」に参加し、そこで価値観が大きく変わったそうです。

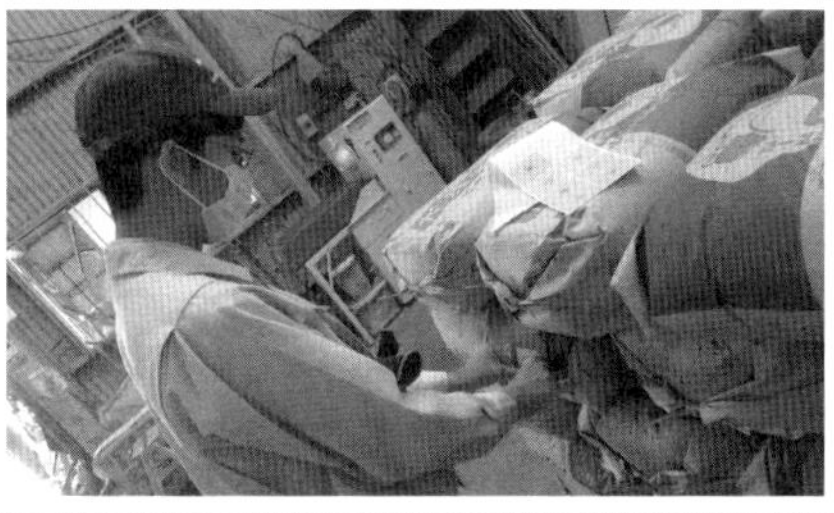

秋田の農家でお米の検品作業をするＫくん

「Fly Program」では、各自で活動のテーマを考えます。テーマは社会貢献につながるものであれば国内外問わずなんでもOK。Ｋくんは「地域産業」をテーマに、長野では山小屋に泊まり込んでスタッフとして勤務、秋田では親戚の農家で収穫作業の手伝い、京都では外国人観光客向けのボランティアガイドを実施、とそれぞれの活動を約１カ月行い、日本各地の農業と観光を学びました。さらに貯めたお金でカナダへ１カ月の留学も。これらはすべて自分で探したというから驚きです。

活動を通して得た多くのこと

それらを経て秋田県のとある町に興味を持ったことから、今後は地域の調査なども実施していきたい、そして、休学中に初めて海外に行ったことでその楽しさに気づき、ヨーロッパを周る旅に出るなど趣味が広がったとも話します。高校時代ビジネスコンテストに参加していたＫくんは、当時から主体的に学ぶ姿勢が身についていたため、こうした大胆なプログラムへの参加もハードルが低かったのだといいます。

さらに、「社会に出たときのイメージがつき、将来への不安が消えていった」とＫくん。確かに東大生は高校時代、勉強や部活動で忙しく、学外の活動に参加する機会が少ないように感じます。そんな東大生が興味のあることに熱心に取り組むことで、その後の大学生活を将来に活きる有意義なものにすることができるのではないかと思います。

「高校時代に自分の興味のあることを掘り下げていって、思いきって行動してみるのもありだよ」と語るＫくんの話を聞いて「いいなあ、私もそんな時間がほしかった」と、とてもうらやましくなりました。少し回り道になったとしても興味を持ったら勇気を出して行動すると、いまよりも自信がついて、世界が開けてくるかもしれませんよ。

はろくま
東大理科一類から工学部都市工学科都市計画コースへ進学した東大女子。趣味はピアノ演奏とラジオの深夜放送を聴くこと。

し、ピアノサークルもレベルが高く、みんな小さいころから努力を積み重ねてきたことが伝わってきます。なにかに打ち込んだ経験は、受験勉強に一生懸命取り組むことにつながるのかもしれません。

大学生は自由な時間が多いので、たくさんのことに挑戦してみるのもいいし、全力でなにか1つのことに没頭してみるのもかっこいいと思います。中学生のみなさんも、いまのうちから行きたい大学のサークルや部活動の情報を調べてみると、モチベーションが上がるのでおすすめですよ！

キャンパスデイズ 十人十色

同じ志の仲間と専門的な学びに取り組み 歴史をひも解くおもしろさを実感

明治大学

文学部史学地理学科　3年生

西垣《にしがき》　翔《しょう》さん

Q 明治大学文学部史学地理学科ではどんなことを学んでいますか?

史学地理学科は歴史学と地理学を学べる学科で、なかでもアジア史を専攻しています。『キングダム』など中国の歴史を描いた漫画が好きだったこともあり、いまは専門を中国史に絞って学んでいるところです。

また、小さいころから興味があったスペイン語を第二外国語として勉強しています。それを活かして、卒業論文ではスペインと中国について、キリスト教の歴史を共通項に論じたいと考えています。

文学部は専門性の高い講義を早いうちから受けられることが特徴で、1年生からゼミに参加します。アジア史のほかにもヨーロッパ史や心理学などの専攻があり、それぞれが1つのクラスとして扱われます。このクラスは入学時から卒業時まで変わらないので、同じ分野に興味を持っている学生と仲を深められるのが大きな魅力です。

Q 印象に残っている講義はありますか。

1年生で受けた「史学概論」では、中国史を中心にアジア史について学びました。講義では歴史を学ぶうえで重要なエピソードが色々と紹介されていたため、印象に残っています。

例えば、江戸時代ごろの中国では、戦争によって焼失した儒教に関する書物を復元する際に、政治的な意図で一部、内容を書き換えてしまったということがありました。その後、日本にある写し本（コピー）をさらに複写して中国へ持ち帰り、それと見比べることで改ざんが発覚しました。日本にコピーを作っておかなければ、中国ではいまも書き換えられた内容が伝わってしまっていたのかと思うと、歴史を書きのこす重要性を感じます。

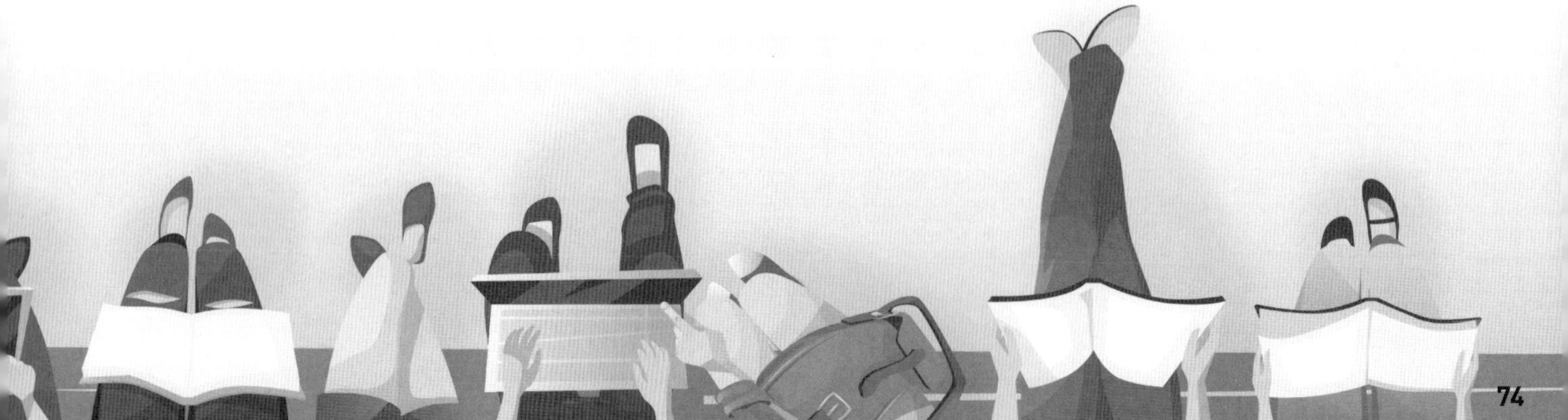

また、イスラム教についての講義では、文様（人工的に作られた模様）という興味深い文化を学びました。イスラム教においては偶像崇拝（※）が禁止されており、人や動物を描くことができないため、代わりに幾何学模様などを食器や絨毯に使用する文化が発達したのです。

文様は、中東にしか生息しない植物をモチーフにした複雑なデザインから、鳥の足跡のように身近なものをモチーフにしたシンプルな模様まで様々です。なにがもとになった文様なのかを友だちと考えながら、楽しんで学べる講義でした。

Q 講義以外で取り組んでいることはありますか？

王室研究会というサークルの立ち上げに携わっています。世界各国にある王室の歴史や現在の扱いについて調べていて、今後はそれをまとめて発表する機会を作ろうと思っているところです。将来的には、同じように王室に興味を持つ他大学の学生にも声をかけて、いっしょに活動できるようにしたいと考えています。

また、海外にも積極的に訪れるようにしています。イギリスへは語学研修で2回、1年生と2年生のとき留学しました。ほかにも、海外研修として中国へ2回、スペインへ1回行きました。国によって、あるいは町によっても文化や考え方は違うので、留学はそれを自分の目で見て体感できる貴重な機会です。

医学部再受験も視野に入れ幅広い選択肢で将来を考える

Q 将来の目標を教えてください。

医師である両親や周りの友だちの影響もあり、大学を卒業したら、医学部の再受験をめざす予定です。高校時代、英語の勉強に力を入れていたこともあり、海外の大学を受験することも視野に入れています。

どちらにしても簡単なことではありませんが、やりたいことが見つからないまま就職するのではなく、幅広い選択肢を用意できるようにしっかり学んでいこうと思います。

Q 読者にメッセージをお願いします。

この先、高校受験や大学受験を経験すると、壁にぶつかることがあるかもしれません。私自身、中学受験も大学受験も第1志望校には不合格となり、悔しい思いをした経験があります。しかし、最終的に進学した学校でいい環境に恵まれたので、後悔はまったくしていません。

受験勉強をしていくなかでうまくいかないことも出てくると思いますが、それを引きずってしまうとチャンスを見逃すことになりかねないので、自分を責めずにこつこつと取り組んでほしいです。

TOPICS

スマートフォンも持ち込み可能？ 大学でのテスト事情

史学地理学科では文章で答える論述式のテストが多く、参考資料やプリントの持ち込みが許されているものもあります。なかにはスマートフォンやパソコンで調べながら解答できるテストもあり、友だちとの連絡や、インターネットでの検索まで許可されていたときは驚きました。

ただし、自分の意見を指定の文字数でまとめたり、インターネットにも公開されていない新しい学説について述べたりと、調べてもすぐには答えられないようなテストがほとんどです。中学生のうちから記述式の問題などを積極的に解くようにして、文章で伝える練習をしておくと、大学に入ってからもきっと役に立ちますよ。

※神像や仏像を信仰の対象とすること

スペインのマドリードに留学した際に参加したフラメンコ教室で。留学先では積極的にその国の文化に触れるようにしています

高校の同級生とのクラス会に参加した際の1枚。中高時代の友だちからは、勉強面や生活面でいまもいい刺激をもらっています

博物館研修として2回ほど中国を訪れました。現地の博物館や遺跡を直接見て学ぶという、貴重な体験ができました

早稲田アカデミー
大学受験部のご紹介

学びのシステム

「わからない」をつくらない復習型授業

早稲田アカデミーの授業に予習は必要ありません。なぜなら、新しい単元は講師が丁寧な「導入」を行い、生徒が理解したことを確認して「問題演習」に入るからです。もちろん、演習の後はしっかり解説。その日の学習内容を振り返ります。また、毎回の授業で「確認テスト」を実施し、前回授業の定着度を測ります。さらに、月1回の「月例テスト」、3か月に1回の「必修テスト」で、中長期的な学力の伸びも確認できます。理解を確かめながら“スモールステップ”で学習を進めるので、無理なく力を伸ばすことができるのです。弱点が見つかった場合は、必要に応じて講師が個別に学習指導。「わからない」を後に残しません。

予習不要
講師による丁寧な「導入」で理解を深め、「問題演習」へ進みます。

↓

担当講師による課題チェック
家庭学習や課題の取り組み状況も確認します。

↓

毎回の授業で行う確認テスト
確認テストで前回までの授業内容の理解度・定着度を測ります。

↓

弱点を克服するための指導
テストなどの状況によっては個別の課題を課し、弱点を克服します。

【TopwiN Boosterクラス 中1】英検®合格実績

※2019年度第1回～第3回英検®での合格者数です。

高校卒業レベル	2級	6名 合格
高校中級レベル	準2級	29名 合格
中学卒業レベル	3級	42名 合格

【TopwiN Boosterクラス 中2】英検®合格実績

※2018年度第1～2019年度第3回英検®での合格者数です。

大学中級レベル	準1級	3名 合格
高校卒業レベル	2級	37名 合格

※英検®は、公益財団法人 日本英語検定協会の登録商標です。
※このコンテンツは、公益財団法人 日本英語検定協会の承認や推奨、その他の検討を受けたものではありません。

早稲田アカデミー大学受験部の詳細については……

お電話で カスタマーセンター 0120-97-3737

スマホ・パソコンで 早稲田アカデミー 検索

早稲アカ 大学受験部 Webサイト

埼玉県の私立高校をめざすあなたへ

埼玉の全私立50高校をご紹介したガイドブックをお送りします

埼玉以外の都県から埼玉の私立高校を受験・進学しようとしているあなたに最適な情報です！
埼玉県私立中学高等学校協会が総力をあげて編集した私立高校ご紹介ガイドブックを

先着500名様にお送りします！

埼玉県内の中学3年生全員には、6月中に各中学校から配付されます。

埼玉県外中学生向け

7月よりお申し込み順に
お送りいたします。

※表紙デザインは
変更されます。

『埼玉の私立高校ガイドブック2021』
〈発行〉一般社団法人 埼玉県私立中学高等学校協会
B5判 128ページ オールカラー

**送料
390円分の切手が
必要です**

【お申込み方法】 お住まいの郵便番号、ご住所、お名前、電話番号、中学校名、学年を明記して、390円分の切手を同封した封書で下記あてにお送りください（お1人1冊に限ります）。**※先着500名様まで**（なくなり次第終了） 個人情報はガイドブック送付にのみ使用させていただきます。

【あてさき】 〒101-0047 東京都千代田区内神田2-5-2 信交会ビル3F　グローバル教育出版 「埼玉私立高校ガイド係」

【協力】一般社団法人 埼玉県私立中学高等学校協会

ちょっと得する

読むサプリメント

ここからは、勉強に疲れた脳に、ちょっとひと休みしてもらうサプリメントのページです。
勉強の合間にリラックスして読んでください。
もしかすると時事問題や、数学・理科の考え方で、ヒントになるかもしれません。

耳より ツブより 情報とどきたて

イノベーションって？

最近は、ちょっと耳慣れないカタカナ語を聞くことが多くなりました。

イノベーションもその1つ。日本で使われる「イノベーション」という言葉には、英語の「革新」「一新」という意味のほかに「技術革新」「大きな変化」「新しい活用法」などの意味が読み取れます。

こう聞くと、大きな企業が多くの時間を使ってなしとげるプロジェクトのように思われがちですが、そうではなくてイノベーションは、これまでにない発想にニーズと技術が加われば成り立ちます。

逆転の発想からイノベーション

このような例は、文具の世界でよくみられます。あなたも文具売り場に行くと、様々な新製品に足を止めてしまったことがあるのではないでしょうか。

アメリカの化学メーカーの研究員が強力な接着剤を開発中に、極端に粘着力が弱い接着剤を作り出してしまいました。「役に立たない」と見過ごされてしまいそうでしたが、同僚の研究員のひらめきが現在の糊つき付箋《ふせん》、ポスト・イットを生み出しました。

このエピソードは偶然から大発明を生む「偶察《ぐうさつ》力《りょく》」の典型例として知られています。

日本の技術者たちも負けてはいません。紙は木材パルプの繊維から作られますが、枯渇の恐れがあるパルプを使わず、ポリプロピレンが主原料の紙を研究していた化学メーカーで生まれたのが合成紙です。

ところが、できあがった合成紙はどんなに強く折っても折り癖がつかず、すぐに開いてしまうしろものでした。まさに失敗作……。しかし、逆転の発想で、選挙の投票用紙に使用することで息を吹き返しました。

書いた字を消せる「フリクションボールペン」は世界的なヒット商品になりました

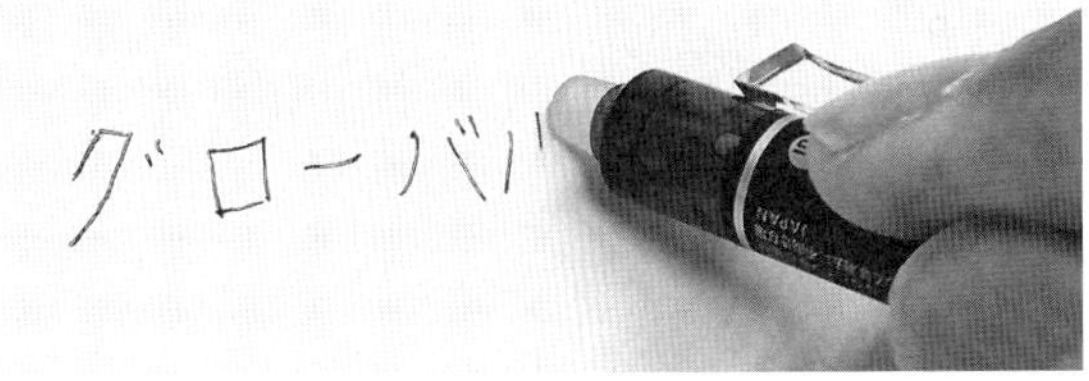

折って投票箱に入れても、すぐに開いてしまうのですから、開票作業で用紙を開く作業がなくなり、開票時間を大幅に短縮することができたのです。

このときのアイディアがなければ、合成紙が世に出るのはもっと遅れていたでしょう。

最近では消せるボールペン「フリクションボールペン」が世界的なブームを巻き起こしました。これも日本人技術者のアイディアから生まれた製品です。

元々は、一定の温度の下では透明になってしまうインクが発明されたことから始まるのですが、「色の無いインクなんて」とだれに見せても相手にされなかったそうです。

しかし、ボールペンのお尻につけたラバーでこすることで摩擦熱を発生させ、いったん書いた文字を消せるようにしたことで、鉛筆と消しゴムより簡単な「消せるボールペン」が完成したのです。

このようにイノベーションは、あなたの周りでも起こすことが可能です。よく観察し、さらに発想の転換をすることからアイディアは生まれています。

※「ポスト・イット」はアメリカの化学メーカー・3M（スリーエム）の、「フリクション」は日本の㈱パイロットコーポレーションの登録商標です。

Why? What! なぜなに科学実験室

「ええええっ、なぜ、どうして?」「あれれ、なんでこうなるの?」…。頭ではわかっているつもりのことが、実験してみると、まったく違ってたなんてこと、ありませんか。

ここは、そんな不思議なことをみんなに体験してもらう「なぜなに科学実験室」です。

今回のテーマは「磁性体の不思議」。

磁性体と聞くと、「磁性体＝磁石にくっつく」「非磁性体＝磁石にくっつかない」と単純に思っている人も多いようですが、じつは、磁石の世界はどうやらそんなに簡単ではないようです。

今日は、そんな磁石の秘密を探ることにして、実験室の案内役「ワンコ先生」にお願いしました。早速、実験を始めましょう。

まずは、「①用意するもの」を読んで、どこかにないか、家のなかを探し回ってみよう。

仲よしの磁石とアルミ

ハイ、この実験室の案内役「ワンコ先生」です。　さて、小学校のころから習っていたと思うけど、磁石にくっつくのは、おもに鉄類とかニッケルだ。くっつかないのが、金、銀、銅、鉛、錫《すず》、アルミニウムなどだったね。

今日は、くっつかないはずのアルミニウムと磁石を使って実験してみよう。さて、どうなるかな。

ワンコ先生

1 用意するもの

❶アルミ缶（炭酸飲料に多く使われています。表示記号参照→）アルミ

❷洗面器など口が広い容器。ここでは植木鉢の受け皿を使いました。水を張っておきます。

❸ハサミ

❹油性ペン

❺ネオジム磁石（磁力の強いもの。フェライト磁石なら３個ぐらいつなげて使いましょう）

❻軍手

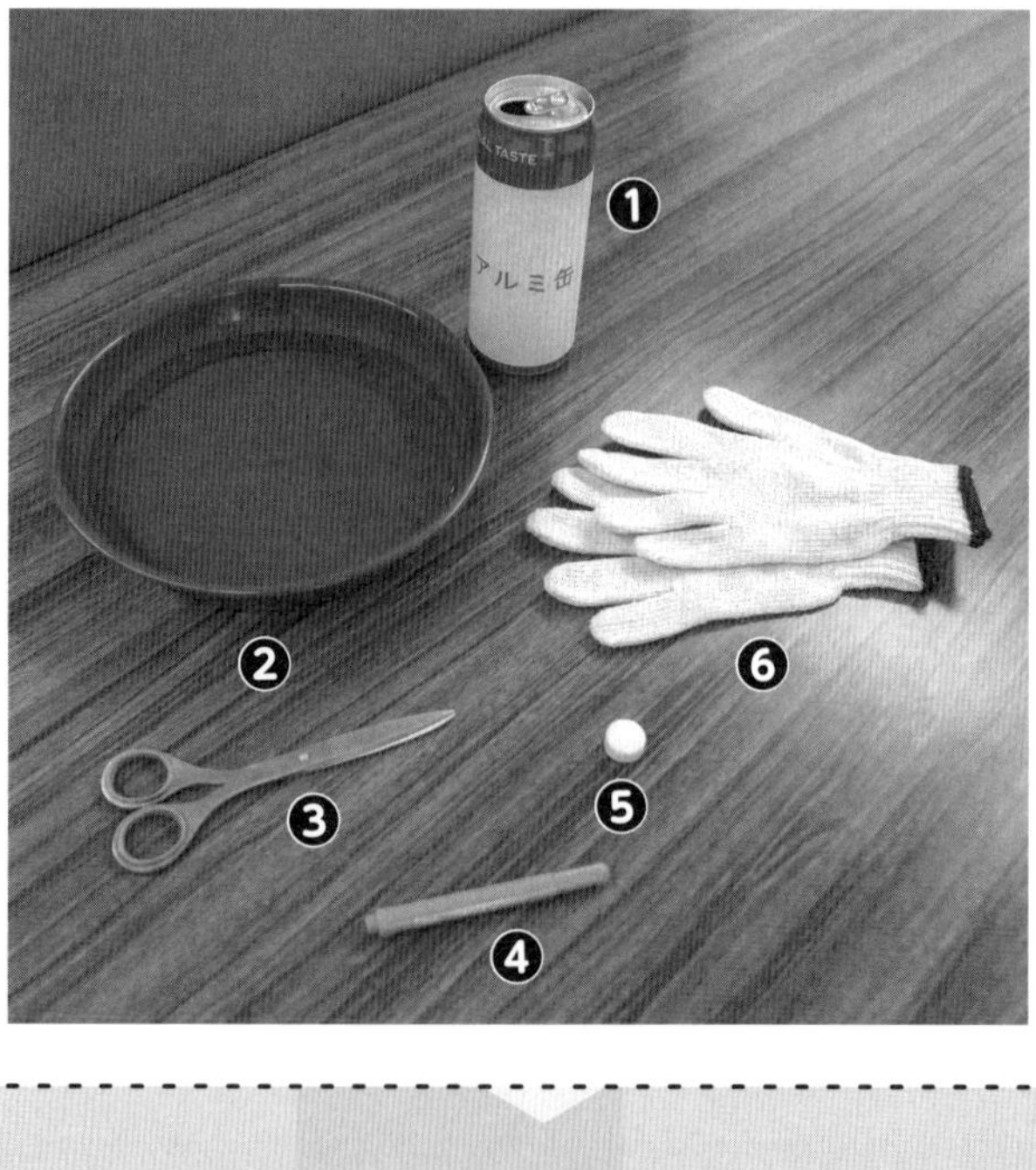

2 アルミ缶に穴を空ける

缶の底に近い部分にハサミで穴をあけます。

3 底に沿って切り円盤を作る

穴からハサミを刺し入れて底に沿って切り込み、アルミ底の部分を円盤状に切り出します。

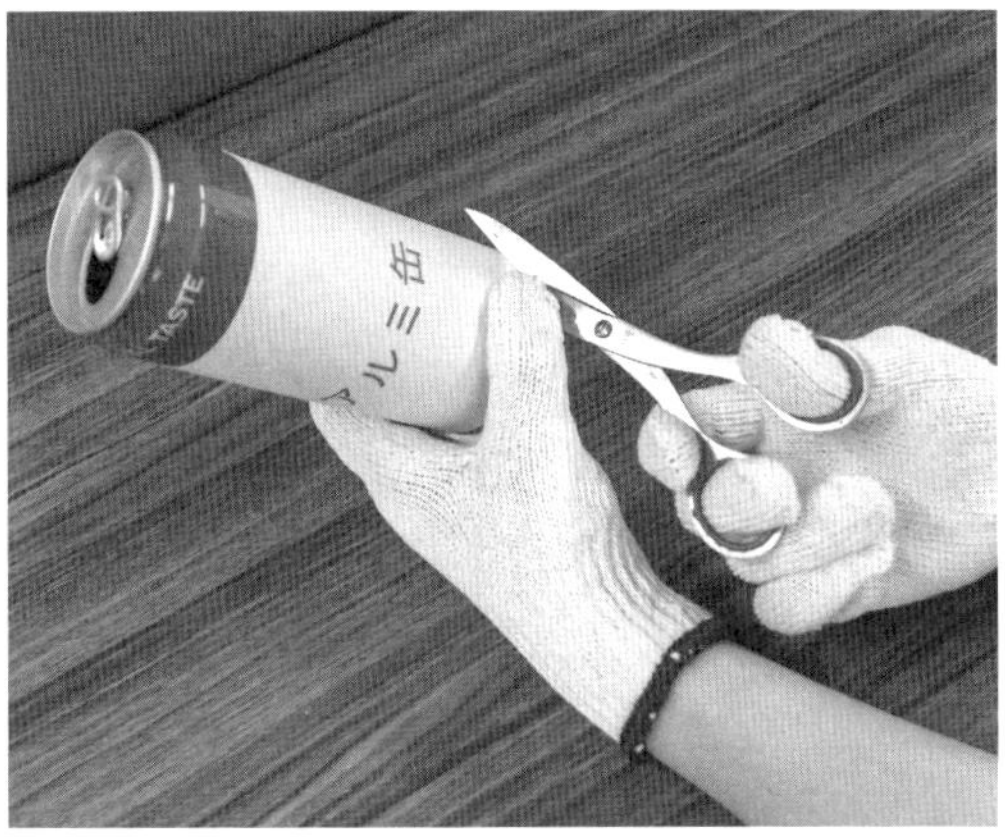

4 アルミ底を円盤にする

アルミ底を取り出したら、形を丸く整えます。

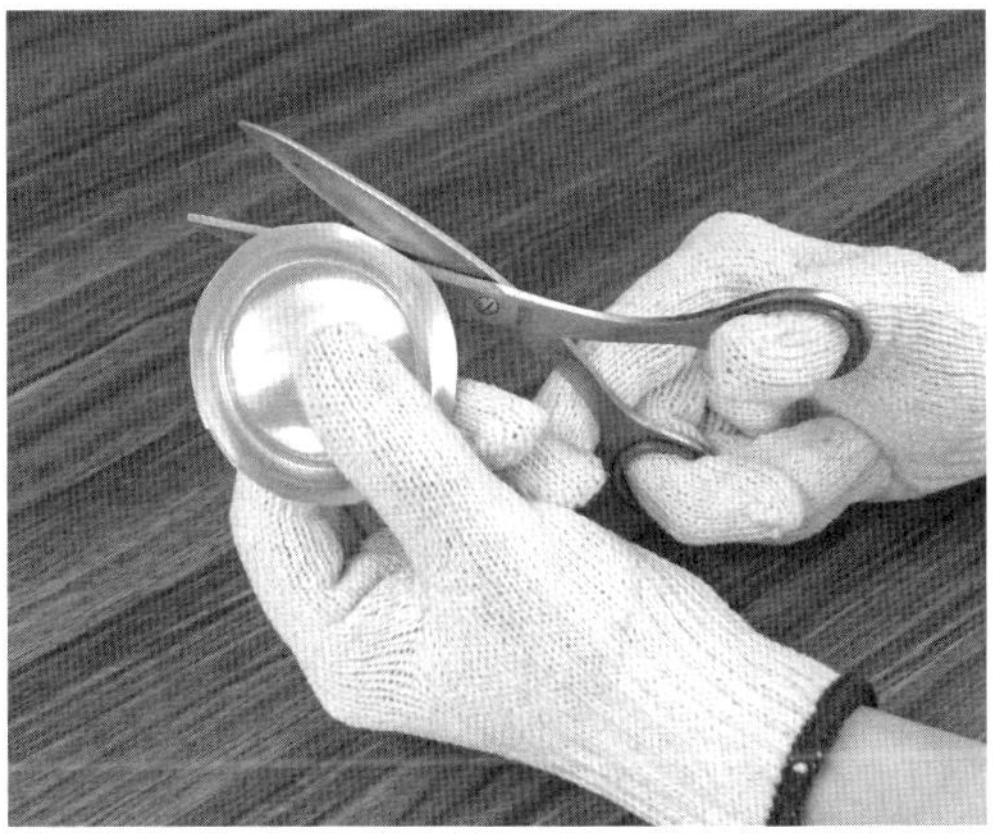

5 磁石はくっつかない

できあがったアルミの円盤に磁石をつけてみます。カチカチと音が鳴るだけでくっつきません。

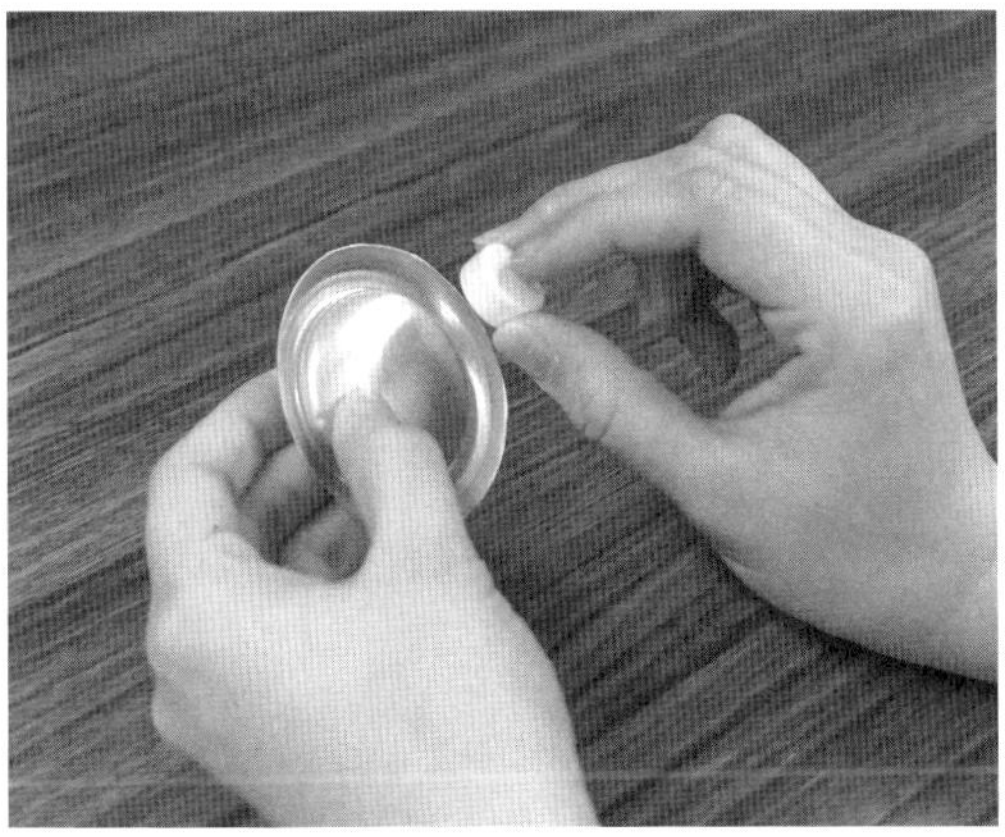

金属をカットするときは必ず軍手をする

注意 ハサミでアルミ缶は切ることができますが、アルミに限らず金属を加工するときは、必ず軍手をしましょう。素手で行うと思わぬケガにつながるので、大人にやってもらってもいいね。なお、ハサミはアルミを切ると、歯が研がれて切れ味がよくなります。

6 油性ペンで印をつける

このあとの動きがわかりやすいように、円盤の1カ所に印をつけます。

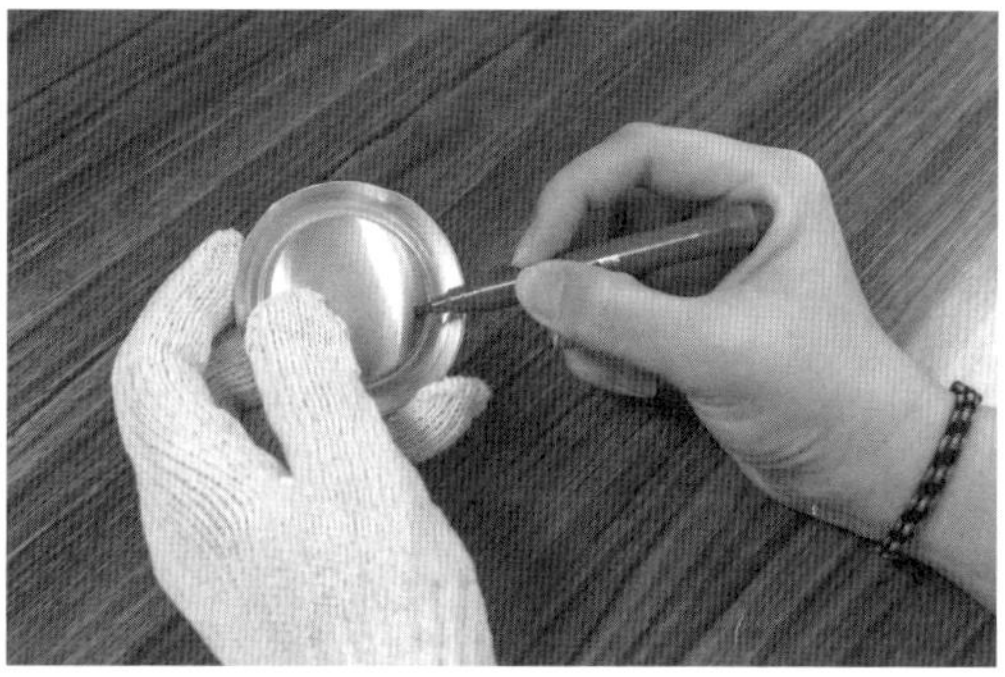

7 水の上に円盤を浮かべる

洗面器などの容器に張った水の真ん中に、そっとアルミの円盤を浮かべます。

8 磁石を近づけて回す

磁石をなるべくアルミの円盤に近づけて、触れないようにしながら磁石を回します。

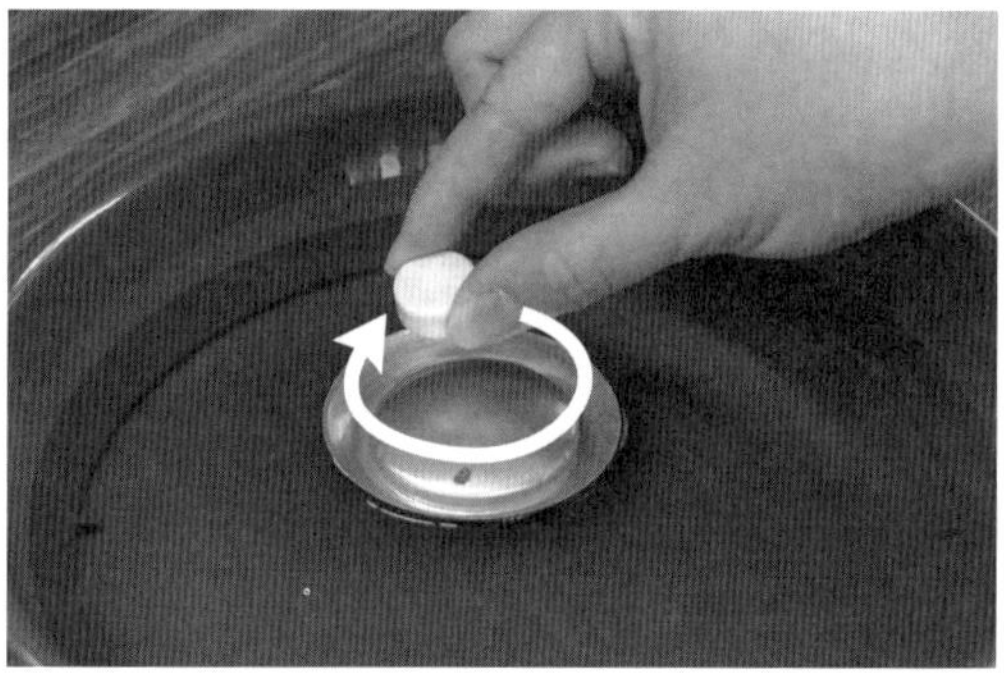

9 アルミも回り出す

あらら、不思議、不思議。くっつかないはずの円盤が磁石を追うように回り始めます。

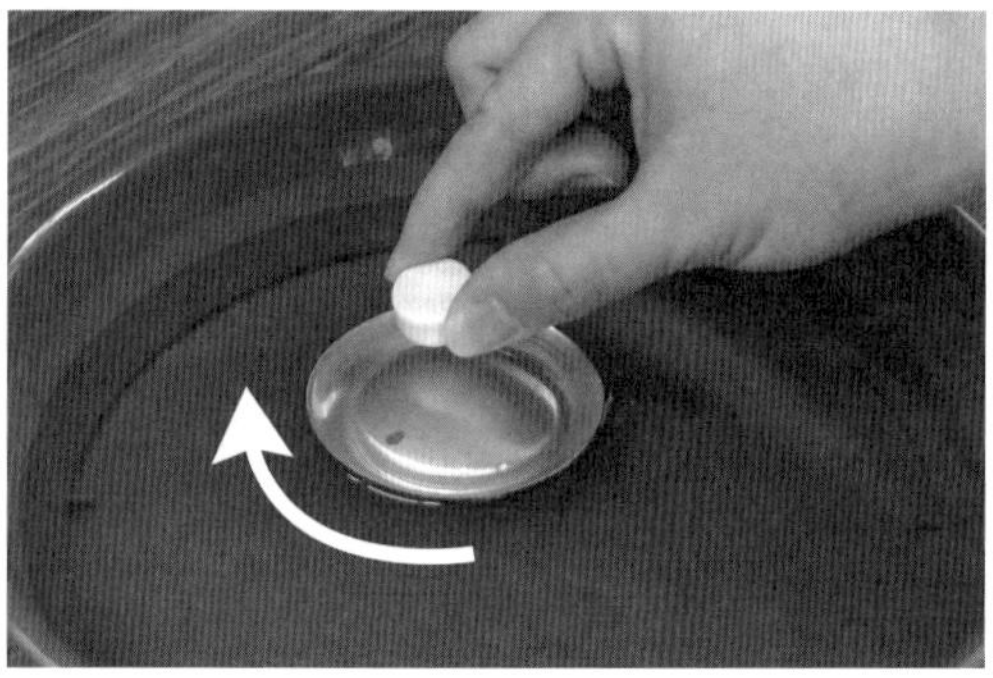

10 今度は逆回しにしてみる

では、続いて磁石を逆回しにしてみます。すると、円盤は困ったように動きを止めて……。

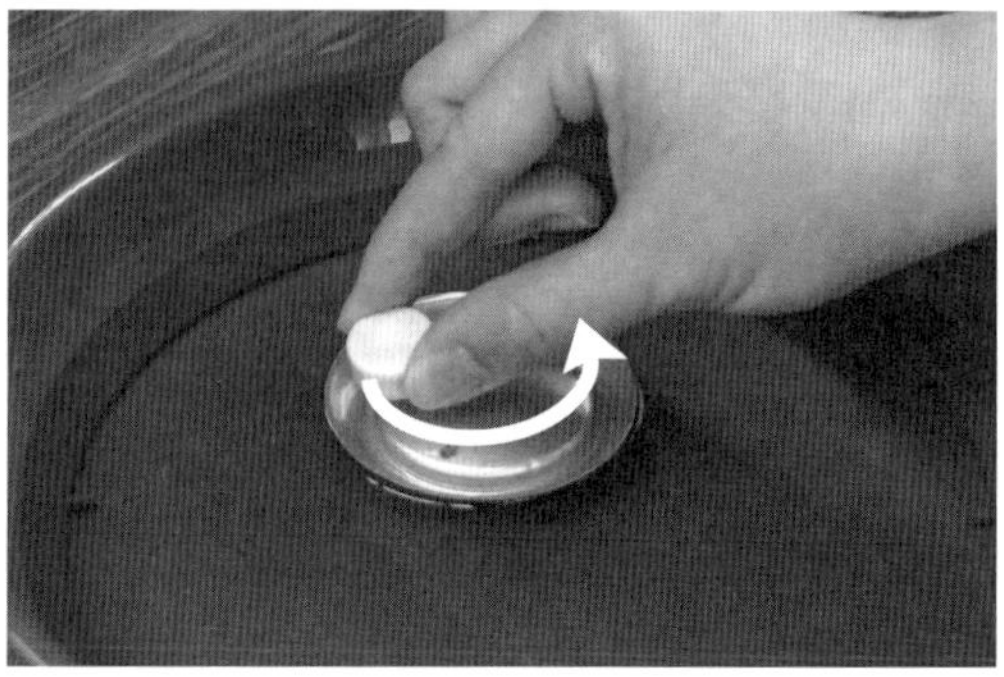

11 逆回しを続けていると…

磁石の逆回しを続けていると、アルミの円盤も逆回りを始めました。アルミニウムと磁石って、じつは仲よしだったね。

解説 アラゴの円盤と呼ばれる現象

本来、磁力に反応しないアルミの円盤が磁力に引っ張られて動くという、この実験。

水に浮かべたアルミの円盤は磁石を回転させると、アルミの円盤も回転を始めます。アルミの円盤には、手も磁石も触れていないのに、強力な磁石にひきずられるようにアルミの円盤が回転します。とても不思議ですね。

この現象は「アラゴの円盤」と呼ばれています。

1824年フランスのドミニク・フランソワ・ジャン・アラゴがこの現象を発見しました。アラゴが行ったときは、銅の円盤だったとされています。

銅やアルミニウムなど、磁石にはくっつかないが、電流はよく通す金属と、強力な磁石との間で起こる現象です。このような電流を通す金属の近くで磁石を動かすと、その金属に誘導電流（渦《うず》電流）が流れます。軽い金属板の上に磁石を近づけて横に動かすと、金属板に生じた渦電流により発生した磁力で、金属板は磁石を動かした方向につられて動きます。

アラゴの円盤の現象は、円盤に発生した渦電流によるものだということは、のちにフーコーによって解明されました。

アルミニウムや銅の円盤には“電磁誘導の法則”および“レンツの法則”“フレミングの右手の法則”にしたがって発生した渦電流が流れ“フレミングの左手の法則”にしたがって力が加わり回転します。

フレミングの右手、左手の法則は、中学２年生で学習します。

【電磁誘導の法則】

電磁誘導とは磁気の変化によってコイルなどに起電力が発生する（誘導される）ことで、発生する起電力の大きさは、コイルなどを貫く単位時間当たりの磁束の変化に比例することを1831年にファラデーが発見しました。

【レンツの法則】

電磁誘導により発生する起電力が流れる方向は、磁気の変化する方向（磁石が近づいたり離れたり）により決められることを1834年にレンツが発見しました。

【フレミング右手・左手の法則】

磁石の力が働く場所（磁界）の向きと直角の向きに電流を流すと、その２つと直角の方向に力が働きます。手の人差し指（磁界）、中指（電流）、親指（力）でそれを表すことを1885年にフレミングが考案、右手の法則は発電機の原理を、左手の法則はモーターの原理を知るのに役立ちます。

このように説明しても、その解明はとてもわかりにくいと思います。いまは、科学への入り口として、このような現象がある、ということを覚えておいてください。動画㊦の中でも説明します。

動画はこちら▶

磁石の動きを追いかけるように回るアルミ盤の様子をこちらでご覧ください。

The most Advanced Sciences Navigation 007

マナビー先生の

最先端科学ナビ

FILE No.007

電力線通信

便利なインターネットも困っていることがある

この雑誌が読まれているころには、新型コロナウイルスの猛威も下火になっていてほしいけど、みんなも学校に行って同級生といっしょに勉強できないのはつらいよね。

でも、こんなときすごく嬉しかったのが、インターネット（以下、ネット）で色々な人や場所とつながることができたことだ。

こんな便利なネットだけれども、いくつかの問題点がある。1つは接続料金の問題だ。スマートフォンを使って接続をしている人は、各電話会社が提供している通信回線の電波を使っている。これが結構高い。

パソコンなど、そのほかの接続となると、多くの家庭ではサービスプロバイダーという会社にお願いしてネットにつなげている。通信回線と違って、この接続方法は毎月ほぼ一定料金で利用できるので、接続費用が少なくて済む。

スマートフォンを使う場合でも、サービスプロバイダーから得たデータをＷｉ-Ｆｉ接続にすることで、電話会社を介さずにネットにつなぐことができる。これなら電話会社に支払う料金が増えなくて済むんだ。

もう1つの問題点は、ネットに接続するためのケーブルを引かなくてはならないことだ。

いままでなら電話のための電話線だけを引いていればよかったけれど、パソコンのためのケーブルが必要になる。Ｗｉ-Ｆｉ接続にしても、壁や床などの遮蔽《しゃへい》物があるとつながりにくい欠点がある。だから、つながらないときは各部屋にケーブルを引いてＷｉ-Ｆｉ機器のリピーターを取りつける必要が出てくる。

既存の電力線を使えるから長いケーブルは不要になる

そこで、新しくケーブルを引き回さないで接続する方法が色々と模索された。その1つが、今回紹介する電力線通信だ。

電力線通信は、Ｗｉ-Ｆｉのような無線ではなく有線だ。でも、じつは君たちの家にも、すでに電力線は設置されている。そう、普通の電気のコンセントにつながっている線のことだ。その線をネットの通信線として利用してしまおうというわけ。

だってどの部屋にも何カ所かコンセントはついているから、壁や柱に新しいケーブルを引かなくても使うことができる。

Ｗｉ-Ｆｉ通信も高速になってきているけれど、無線では実現が難しかったり、安定した通信ができなかったりするときもある。それなら有線の特徴を活かして使おうってことだ。

マナビー先生

大学を卒業後、海外で研究者として働いていたが、和食が恋しくなり帰国。しかし科学に関する本を読んでいると食事をすることすら忘れてしまうという、自他ともに認める“科学オタク”。

コンセントを入口にして電力線でネットにつなぐ

IoTで電力線に再び脚光 技術が進み高速通信も可能に

みんなはIoT（アイオーティー）という言葉を聞いたことがあるかな。Internet of Thingsの頭文字をとったもので、インターネットに接続された機器のことをいうんだ。

色々な電気機器や家電がネットに接続され、互いに有機的に動作する便利な関係がIoTだ。例えば電気の使用量が決まっているとき、色々な機器を同時に使うとその制限量を超えてしまってブレーカーが働き、電気が止まってしまうなんてことが起こるかもしれない。そんなときIoTなら、どうしても電気を必要としている装置を優先し、しばらくは使わなくていい装置には待機してもらうこともできる。

いま家電全体を集合体と考えたIoT機器の接続に、電力線通信を使うのは便利だ。元々、みんなコンセントにつなぐ機器だからね。

じつは電力線を通信に使おうという考え方は昔からあり、ネットがこれほど高速になる前は有効な通信手段だと思われていた。

問題は電力線はデータを送受信するようには考えられていなかったことだ。高速のデータ通信を行うためには乗り越えなければならない問題が多く、なかなか普及はしなかった。

ところがここにきて、再注目されたのは次のような理由からだ。

海外では家が大きいこともあり、1台のWi-Fi機器では家のなかのすべてをカバーできないことが多い。だからといって出力を強くすれば家の外に通信が漏れ、セキュリティ上の問題が起こる。また、隣家の電波との混信も問題だ。

そこで電力線通信だ。電気を送るためだけに考えられてきた線なので、法律面を含め、まだ一気に普及とはいかないけれど、有線であることが逆に強みになって、家の外へのデータ漏れは抑えられ、ハッカーにデータを盗まれるのを防ぐこともできるなどの利点がある。

絶え間ない技術開発のおかげで、電力線通信でも、高画質のビデオ伝送が可能な高速通信ができるように技術改良が進んできている。

日本では、まだ電力線通信は普及していないけれど、ネット環境にもWi-Fiだけでは対応できない弱点があることもわかってきた。無線と有線、それぞれの特徴を活かしながらうまく使っていきたいものだね。

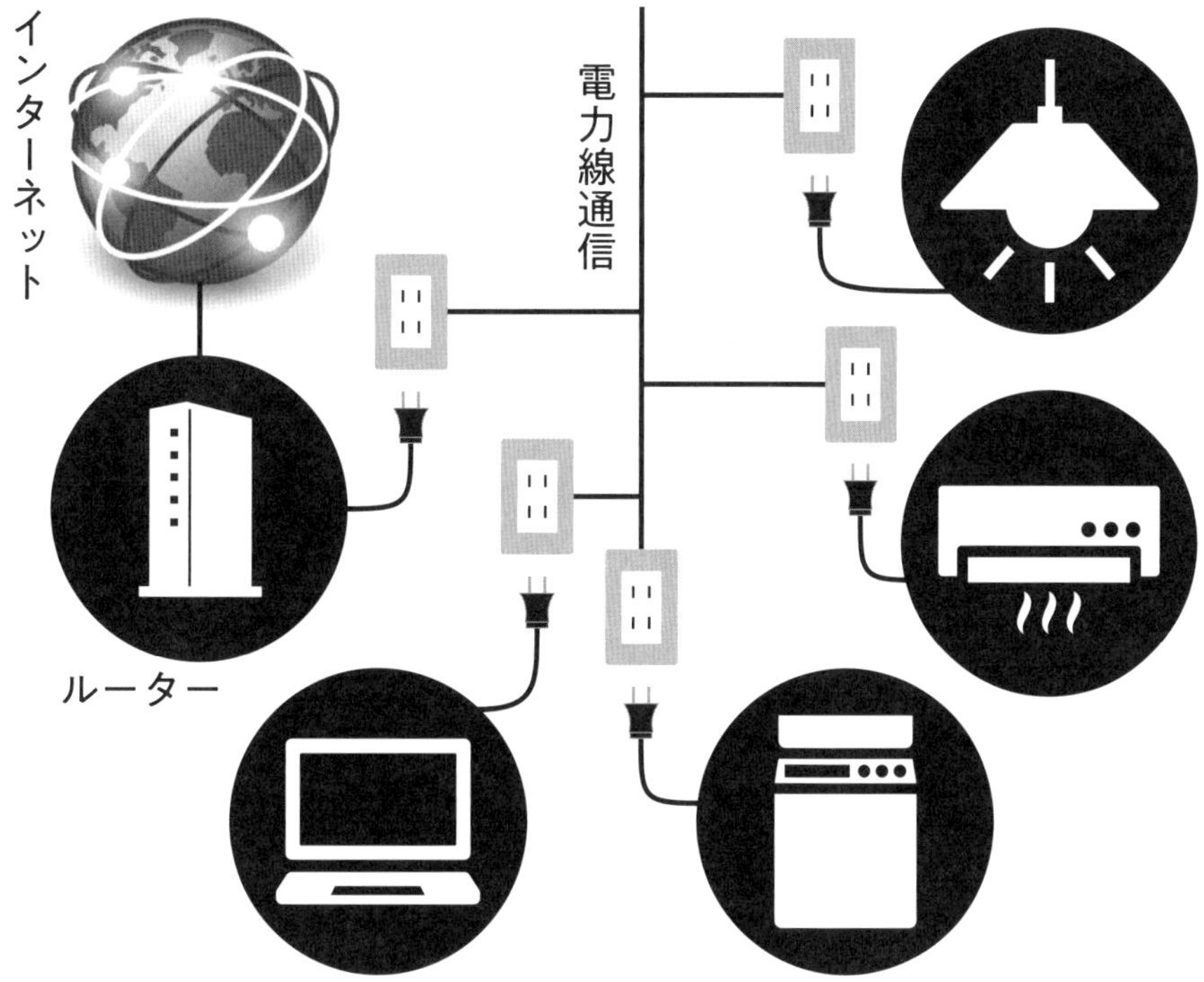

電力線によるインターネット接続のイメージ（各種家電には電力線通信機器が組み込まれていることを想定）イラスト／本誌

そうだったのか！

中学生のための経済学

山本謙三
オフィス金融経済イニシアティブ代表、1976年東京大学教養学部卒、前NTTデータ経営研究所取締役会長、元日本銀行理事。

「経済学」って聞くとみんなは、なにか堅〜いお話が始まるように感じるかもしれないけれど、現代社会の仕組みを知るには、「経済」を見る目を持っておくことは欠かせない素養です。そこで今回から、経済コラムニストの山本謙三さんに身近な「経済学」について、わかりやすくお話しいただくことにしました。

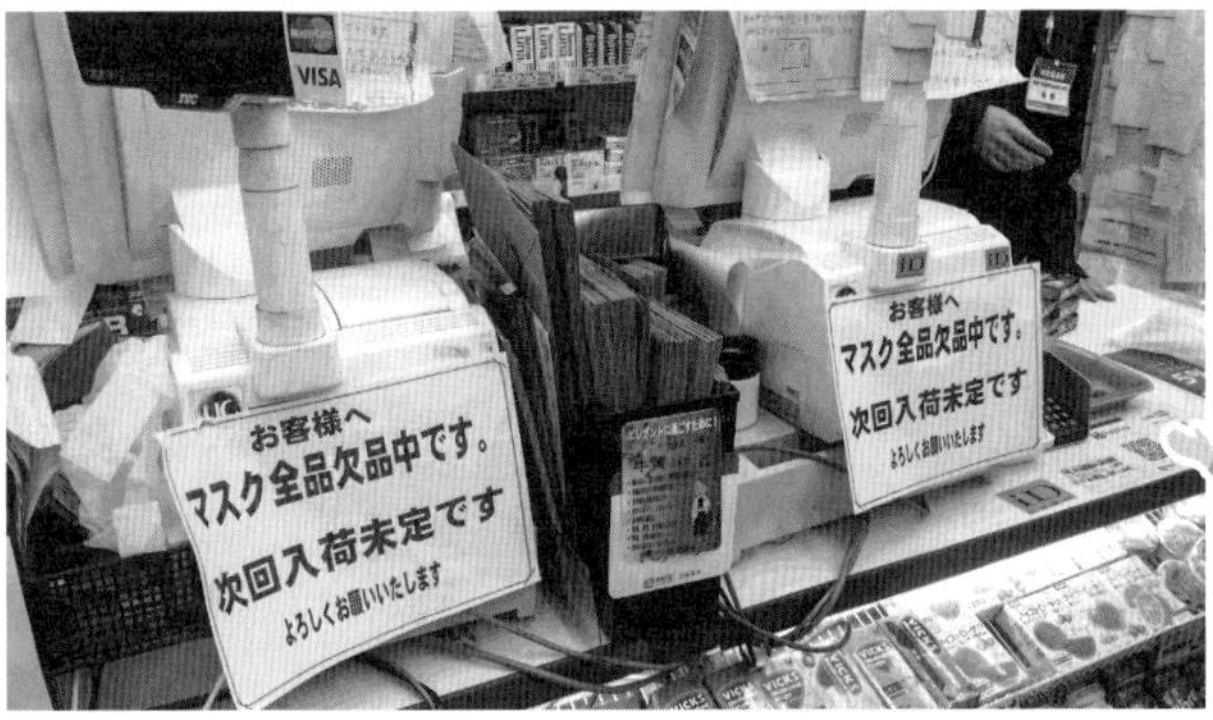

新型コロナウイルスの影響でマスクの品薄状態が続いた（3月21日、東京都千代田区）

需要と供給

マスクが品薄になったのは

新型コロナウイルスの感染の広がりで、企業の売り上げの減少が心配されています。

売り上げや値段の関係を理解するには、需要や供給という考えを用いるのが便利です。左の図を見てください。まず、横軸に売り上げ（販売量）を、縦軸に値段（価格）をとります。

需要とは、私たちがモノやサービス（商品）を買おうとする意欲をいいます。需要曲線（D）とは、人々がそれぞれの価格で買おうとする商品の量を結んだ線で、一般に右肩下がりとなります。値段が低ければ、たくさん買いたいという関係です。

供給とは、企業が商品を売ろうとする意欲をいいます。供給曲線（S）とは、企業がそれぞれの価格で売ろうとする商品の量を結んだ線で、一般に右肩上がりとなります。値段が高ければ、たくさん売りたいという関係です。交点Pが、市場で決まる価格です。

新型コロナ・ショックでは、マスクのように需要が大幅に増えた商品もありました。需要曲線の右方向への移動です（D→D_1）。オークション・サイトに一時高値の取引が現れたのは、交点がPからP_1に移りかけたからです。

しかし、高値での転売は、不公正な行為として法律で禁止されました。価格をPに据え置こうということですが、このままではBとAの差だけ需要が供給を上回り、望む人すべてにはマスクが行きわたりません。都道府県などがマスクの一部を買い上げて、病院などに優先的に配布したのは、これが理由です。

（図）需要と供給：販売量と価格の決まり方

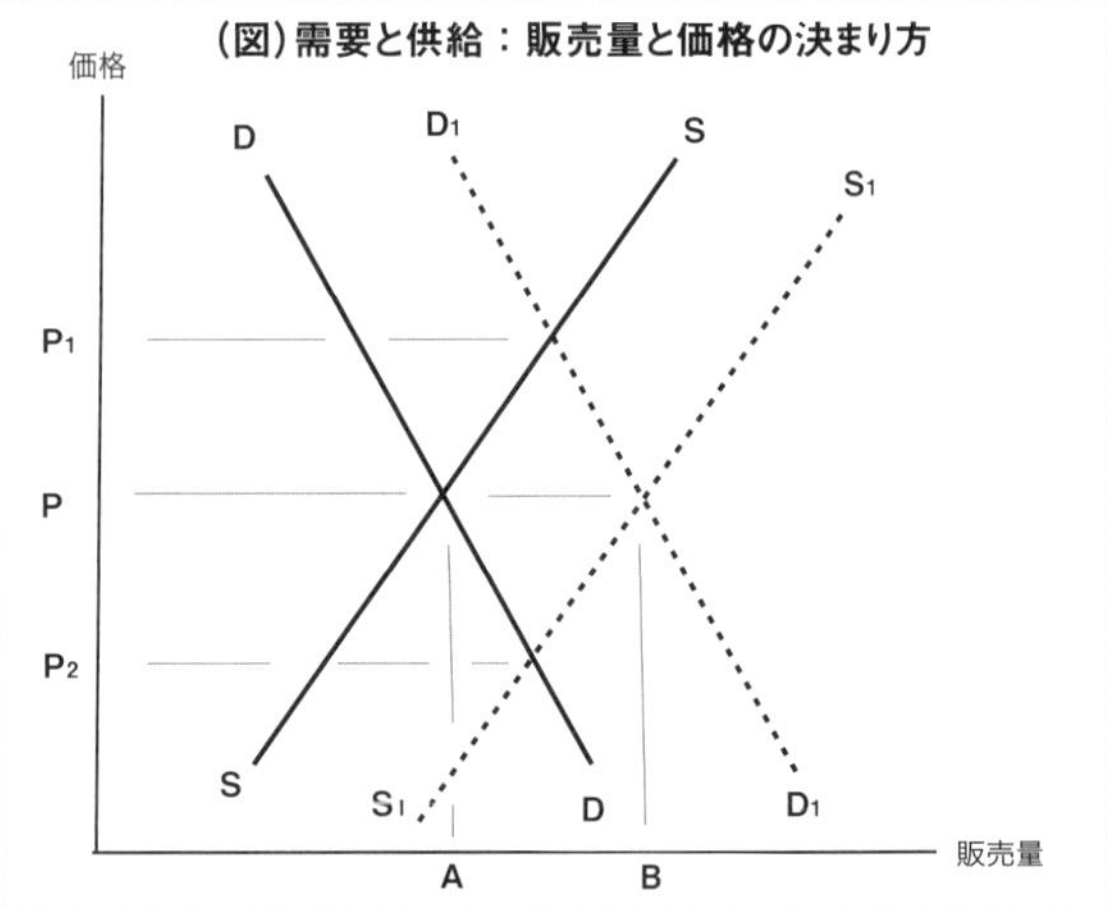

（注）便宜上、需要・供給ラインが直線で描かれていますが、実際には曲線になります。

まだまだ心配なことがある

当面は、マスクの生産能力を引き上げて、供給曲線を右方向に移動させ、需要と供給を一致させる必要があります（S→S_1）。

ただし、将来ワクチンが開発され、需要曲線が元の位置（D）に戻ると、今度は供給が需要を上回り、生産能力があまる可能性が出てきます。供給曲線は、すでにS_1の位置に移っているからです。そうなると、価格がP_2に下がり、せっかく増産してくれた企業が苦しむことになりかねません。その対策も、いまから考えておくことが必要です。

ミステリーハンターQのタイムスリップ歴史塾

島原・天草一揆

江戸時代に九州で起こった一揆について勉強しよう。
禁教令やその後の鎖国にもかかわる出来事だよ。

勇 江戸時代の初期に農民による大規模な反乱があったんだって？

MQ 島原《しまばら》・天草《あまくさ》一揆《いっき》のことだね。島原・天草の乱とも呼ばれているよ。

静 どんな一揆だったの？

MQ 1637年10月、九州の島原・天草地方（現在の長崎県と熊本県）の農民が領主の厳しい年貢の取り立てに耐えきれなくなって一揆を起こしたんだ。

勇 大規模って、どのくらいだったの？

MQ 約3万7000人が参加したといわれている。この地方はキリシタンが多く、幕府のキリスト教禁止令（禁教令）に対する反発もあったんだよ。

静 一揆が起こったときは、幕府の禁教令はすでに出されていたのよね？

MQ 幕府は1612年に幕府領でキリスト教を禁止し、翌年には禁教令を全国へおよぼした。1614年には高山右近《たかやまうこん》らキリシタン大名や信徒の国外追放を行い、事実上、キリスト教を禁止してしまっていた。

勇 そんななかで、一揆はどのようにして起こったの？

MQ 松倉氏が領主を務める島原藩の代官所に農民が押しかけ、代官を殺害したことから、藩が出兵した。だけど、農民たちは藩兵を押し返し、天草地方の農民も決起し、一時は長崎まで押し寄せる勢いをみせたんだ。

静 本格的な戦いになったのね。

MQ 農民たちは天草の豪農でキリシタンの益田四郎時貞《ますだしろうときさだ》（天草四郎《あまくさしろう》）を担ぎ、旧キリシタン大名や改易された大名の家臣だった浪人も加わり、島原半島の原《はら》城に立てこもったんだ。

勇 幕府はどうしたの？

MQ 一揆を知った幕府は重臣の板倉重昌《いたくらしげまさ》を指揮官として近隣の藩の兵を繰り出して討伐を行ったけど、指揮官の板倉が鉄砲の弾を受けて戦死するなど、一時は農民軍が優勢となった。

静 幕府は慌てたでしょうね。

MQ 幕府は老中、松平信綱《まつだいらのぶつな》に指揮を命じて、12万以上の兵力で原城を取り囲んで、兵糧攻めにした。1638年2月、原城は陥落して反乱は鎮圧され、参加者は処刑されてしまったんだ。

幕府は反乱の背後にポルトガルの扇動があったと考えて、1639年にポルトガル船の来航を禁止、1641年には平戸のオランダ商館を長崎の出島に移して、オランダと清（中国）の商人のみに貿易を許した。これが鎖国体制といわれるものだね。そしてキリスト教に対する弾圧はさらに厳しくなったんだ。

ミステリーハンターQ（略してMQ）

米テキサス州出身。某有名エジプト学者の弟子。1980年代より気鋭の考古学者として注目されつつあるが本名はだれも知らない。日本の歴史について探る画期的な著書『歴史を堀る』の発刊準備を進めている。

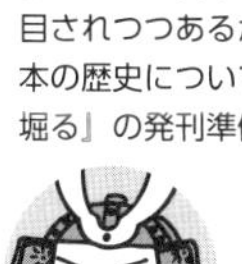

山本 勇

中学3年生。幼稚園のころにテレビの大河ドラマを見て、歴史にはまる。将来は大河ドラマに出たいと思っている。あこがれは織田信長。最近のマイブームは仏像鑑賞。好きな芸能人はみうらじゅん。

春日 静

中学1年生。カバンのなかにはつねに、読みかけの歴史小説が入っている根っからの歴女。あこがれは坂本龍馬。特技は年号の暗記のための語呂合わせを作ること。好きな芸能人は福山雅治。

売れ残りの食パンや調理パンなど廃棄されたパン。養豚の発酵飼料の原料として再利用される（2016年４月15日撮影・神奈川県相模原市）写真：時事

PICK UP NEWS
ピックアップニュース！

今回のテーマ
食品ロス

スーパーマーケットやコンビニエンスストアなどで売れ残ったり、レストランや家庭で食べ残しとして捨てられる食品を「食品ロス」といいますが、政府、民間を含め、食品ロスを減らそうという動きが活発になっています。

食品には賞味期限と消費期限があります。賞味期限は「おいしく食べられる期限」という意味で、賞味期限が過ぎても食べられないわけではありません。消費期限は品質が劣化しないで食べられる期限という意味で、期限を過ぎると劣化が始まるため、食べない方がいいという期限です。

環境省のデータによると、2016年度の食品ロスは約643万t。これはすべての国民が毎日、お茶碗約１杯分の食べものを捨てている計算になります。捨てられる食品の割合は、スーパーやコンビニで賞味期限や消費期限が過ぎてしまったものやレストランでの食べ残しと、家庭での食べ残しが大体半分ずつとされています。

国際連合食糧農業機関（FAO）の2011年度の算定では、世界の食料生産量の３分の１にあたる約13億tが捨てられ、経済損失額は約80兆円にのぼるとされています。その一方で世界では８億人以上の人々が飢えや栄養不足に苦しんでいるといわれています。

こうしたことから、国連は「持続可能な開発目標(SDGs)」を2015年に採択、2030年に食品ロスを半減することを目標にしています。

これを受けて政府は容器や包装の構造を工夫して消費期限を長持ちさせたり、学校などでは規格外の食品を調理して、ロスを減らす取り組みを始めています。

しかし、なんといっても消費者の意識改革が必要です。スーパーなどで消費期限があとの商品に手を伸ばしがちだったり、クリスマスケーキや恵方巻など、期日が限定されている食品に、期日が過ぎると目もくれなくなったりするのは問題です。購入した食品の消費期限をこまめにチェックして、食べ残しをしないようにすることも大切です。

日本の食料自給率はわずか37%で食料の多くを海外からの輸入に頼っています。また、廃棄物処理にも年間約２兆円のコストがかかります。食品ロスを減らす努力が１人ひとりに求められています。

ジャーナリスト　大野　敏明
（元大学講師・元産経新聞編集委員）

サクセス印のなるほどコラム

身の回りにある、
知っていると
役に立つかもしれない
知識をお届け!!

わかるかな？　地図記号の由来

前にさ、地図記号の話をしたよね？　今日は、先生から地図記号クイズを出してもいい？

いいけど？

じゃあ、いくよ。この地図記号はなにを表す？

これは知っているよ。消防署でしょ？

正解！　じゃあ、なんで消防署の地図記号はこの形なんだと思う？

えっ？　それ聞く？　う〜ん。Yの形…これと消防署のつながりかあ…消防署って英語で言うと…。

Fire departmentとかFire stationらしい。だから消防署の頭文字はYではない！

このクイズ難しいなあ。で、答えは？

もう考えないの？

だってわかんないからさ！

そうイライラしないで！　正解は昔、火消しに使われた道具、「さすまた」の形なんだって。

えっ？　「さすまた」ってなに？　そんなの初耳だし、わかるわけないじゃん。

そうだった？　ごめんごめん。

で、「さすまた」ってなに？

江戸時代の家ってさ、紙や木でできていたんだ。だから火事が起きると燃え広がるのはあっという間。当時は消防車などはないから水をまくのも、人の力のみ。そこで火消したち（昔の消防隊員）は「さすまた」で家を壊し、火が周りに燃え移るのを防いでいたんだよ。

じゃあ、家を壊す道具？

それがね、どうもこの「さすまた」はもともとは防犯のための道具みたいで、現在はインターネットでも買えるんだよ。

家を壊す道具が防犯用に？　どういうこと？

「さすまた」は金属でできた棒の先端が2つに分かれていて、Yというか、それこそ消防署のマークの形をしているんだよ。これで不審者をコーナーや壁際に追い込んで動きを封じることができるらしく、いまも学校によっては置いてあるらしい。

うちの学校にもあるの？

ない。

うちの学校大丈夫なの？

優秀な警備の方々がいらっしゃるから大丈夫！

そっか！　よかった〜。

それはさておき、もう1問。この地図記号はなにを表す？

家のなかにシャワーヘッドがある？　あっ！プール！

なんで？

プールに入る前と入ったあとに、シャワーを浴びるじゃん。そのことを表しているから。

キミ、すごい想像力だね。これはね、老人ホーム。家のなかにあるのは、シャワーヘッドじゃなくて杖。まあ、ちょっと家の大きさの割に杖が大きい気もするけどね（笑）。

へえ〜家のなかに杖で老人ホームね。端的に意味を表してるね。でも、あまり見たことがない地図記号だなあ。

そりゃそうさ。これは2006年から使われている新しめの地図記号だからね。

そうなんだ。でも、この記号はこれからの時代、とても大事だよね。日本では少子高齢化が進んでいるからさ。

キミもたまにはまともなことを言うんだね。

そのひと言は余計だよ！

思わずだれかに話したくなる
名字の豆知識

第11回

今回は

小林

小林の由来は「小さな林」？

全国9位の「小林」 長野では断然トップ

日本で第9位の名字は「小林」です。全国に101万人あまりいると推定されています。都道府県別では長野でトップ。群馬、山梨で2位、茨城、新潟で3位、埼玉で4位、栃木、東京、神奈川、福井で5位です。続いて兵庫で6位、三重、岡山で7位、北海道で9位、千葉、大阪、鳥取で10位です。関東甲信越の、それも海に面していない県に多いという感じがします（新人物往来社『別冊歴史読本　日本の名字ベスト10000』より）。江戸時代中期の俳人、小林一茶《こばやしいっさ》が出た長野県がトップというのはなんとなく納得ですね。長野県の小林さんは約8万2200人、2位の田中さんの約3万1700人のおよそ2・6倍という多さです。断然トップですね。しかも北信地方の中野市では長野県で2位の田中さんの6倍程度という多さだそうです。小林一茶も北信地方の出身です。

長野県の人口が約205万人ですから、約8万2200人という数字は4・0％、およそ25人に1人は小林さんということになります。

「小林」のつく地名は日本全国に見られる

地名としては全国に分布しています。現在、小林のつく自治体名、あるいは大字《おおあざ》、小字《こあざ》名は、北は岩手県から南は宮崎県まで広く分布しています。このうち自治体では宮崎県の小林市があります。戦国時代、日向国《ひゅうがのくに》（現・宮崎県）の小林というところに小林城という城がありましたが、そこが隣の薩摩国《さつまのくに》（現・鹿児島県西部）の島津《しまづ》氏の手に落ち、以後、その地域一帯では小林城を中心に行政が行われました。それが小林村となり、明治時代になって、自治体である宮崎県西諸県郡小林村となりました。1912年に町制に移行、1950年に小林市となって現在にいたっています。宮崎県立小林高等学校、同小林秀峰高等学校、小林市立小林中学校、同小林小学校があります。

かつて小林村で、現在は消滅した村が3つあります。1つは新潟県中蒲原郡（現・五泉市）の旧村で、1902年に2つの村が合併して小林村となりましたが、1955年に白根町に吸収され、2005年に白根市（旧・白根町）が新潟市に吸収されました。字《あざ》名としては残っていませんが、新潟市立小林小学校として名前が残っています。

2つ目は奈良県南葛城郡（現・御所《ごぜ》市）の旧村で、1915年に大正村となり、現在は御所市の字名として残っています。

3つ目は埼玉県南埼玉郡の旧村で、1954年に菖蒲《しょうぶ》町に吸収されました。現在は久喜《くき》市に合併され、久喜市菖蒲町小林となっています。久喜市立小林小学校があります。ここは「おばやし」と読みます。

このほかに栃木県日光市立小林中学校、千葉県印西市立小林中学校、同小林小学校があり、大阪府大阪市と長崎県南島原市にも市立小林小学校があります。

「ちょっとした林」は理想の住環境だった

小林という地名の由来は漢字の字句通りと考えられています。ちょっとした林のあるところ、ということなのでしょう。村落としては田や畑を南側にもち、反対側に少々の樹木、すなわち小林を背負っているところが、住環境としては理想的ではないでしょうか。そうした林はうっそうとした林ではなく、文字通り小林なのです。防砂林、防風林としての役目も果たしていました。そういう村落を「小林」と名づけ、そこに住んだり、領したりした人々が「小林」を名字にしていったと考えられます。

現在、小林という地名が海岸線などにはなく、どちらかというと内陸部や山間部に多いのもうなずけます。

公家、大名に小林姓はありません。寛政年間（1789〜1800）の旗本一覧表には43家の小林さんが掲載されています。掲載されている全旗本、5116家のうち0・84％です。現在の約101万人の小林さんが全日本人のおよそ0・80％であることと比べると、旗本の方が、若干率が高いといえますが、まあまあ全国平均も旗本平均も変わらないといえそうです。旗本で最も石高の多いのは小普請《こぶしん》組の小林時寿、1000石です。小普請とは役職のない者という意味です。

有名人では「米百俵」の逸話で知られる幕末から昭和にかけての教育家、小林虎三郎《こばやしとらさぶろう》は新潟の人。明治から昭和にかけての実業家で、阪急東宝グループ（現・阪急阪神東宝グループ）の創業者、宝塚歌劇団の生みの親である小林《こばやし》一三《いちぞう》は山梨県出身、昭和を代表する評論家の小林秀雄《こばやしひでお》は東京都出身ですが、本籍は兵庫県です。昭和前期のプロレタリア作家の小林多喜二《こばやしたきじ》は秋田県の出身です。

林のなかの小林一茶

数学ランドへようこそ

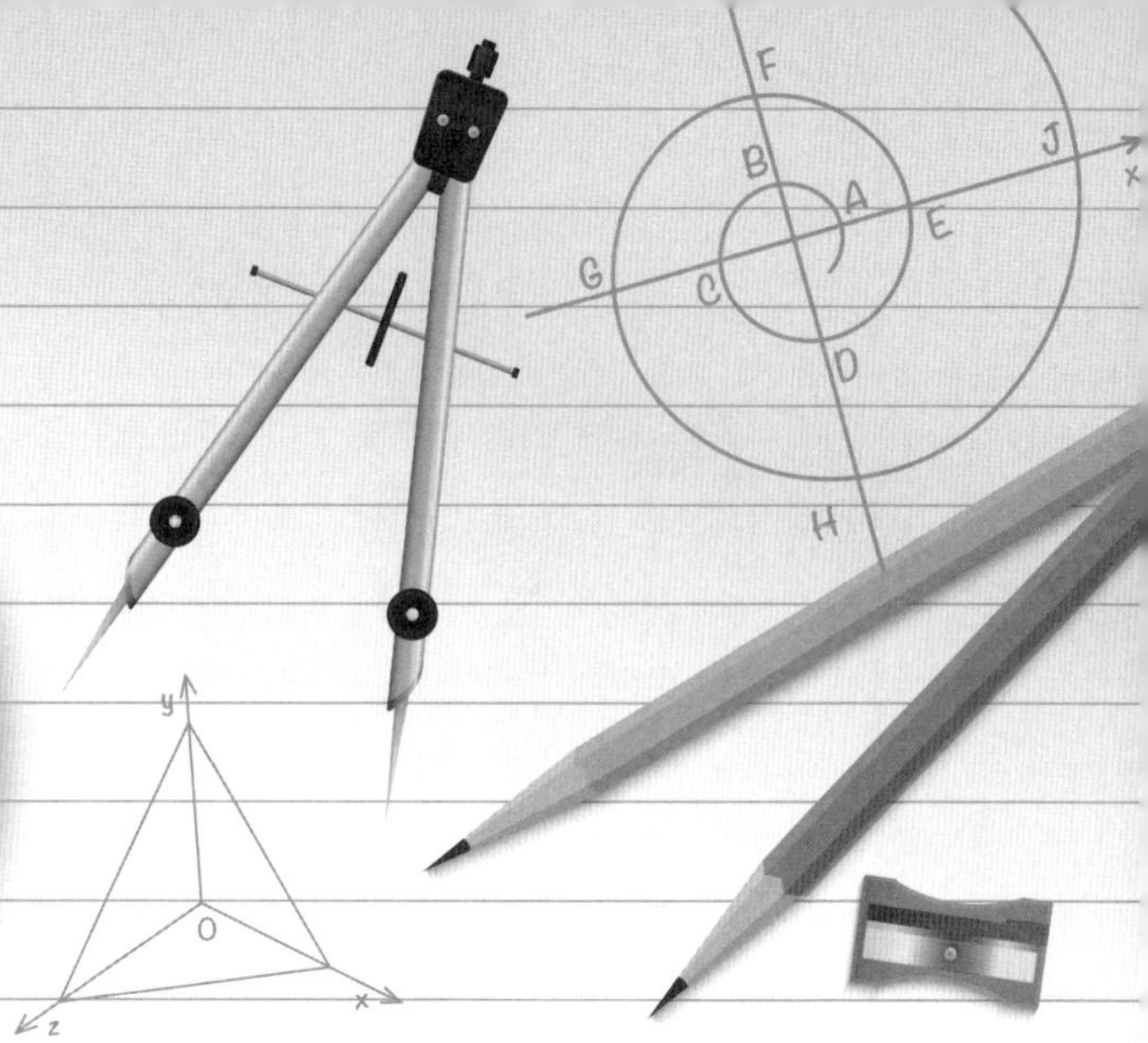

ここ、数学ランドでは、毎月上級、中級、初級と3つのレベルの問題を出題しています。各問題に生徒たちが答えていますので、どれが正解か考えてみてくださいね。

TEXT BY 湯浅 弘一

ゆあさ・ひろかず／湘南工科大学特任教授、NHK教育テレビ（Eテレ）高校講座に監修講師として出演中。

問題編

答えは94ページ

上級

時計の長針と短針は、1日に何回90度を作るでしょう。

A

答えは…

22回

実際に回してみたら22回だった。

B

答えは…

44回

たぶん、予想だけど44回じゃない？

C

答えは…

48回

1時間に90度は2回起こるから1日24時間で48回。

中級

学校のプールをアイススケートリンクにすることにしました。

横幅が12m、縦幅は25mです。

氷の厚みが５㎝とすると、このアイススケートリンクの氷の

重さはどのくらいですか。

A
答えは…
10t
氷って見た目より軽いよね？　だから10t。
B
答えは…
13t
氷って確か膨らむよね？だから13t。
C
答えは…
15t
う〜ん。氷の比重が１だから15t。

初級

テニストーナメントがあって、127人が参加しました。まず、

126人で63試合分を組みあわせ、残った１人は不戦勝です。

２回戦では64人が32試合をします。優勝が決まるまで、全

部で何試合することになりますか。

A
答えは…
126試合
1人ずつ負けるから126試合。
B
答えは…
127試合
127人が参加したから。
C
答えは…
128試合
参加人数＋１してみたよ。

解答編

上級

正解はB

時計の針を実際に回してみると、最初の12時間で

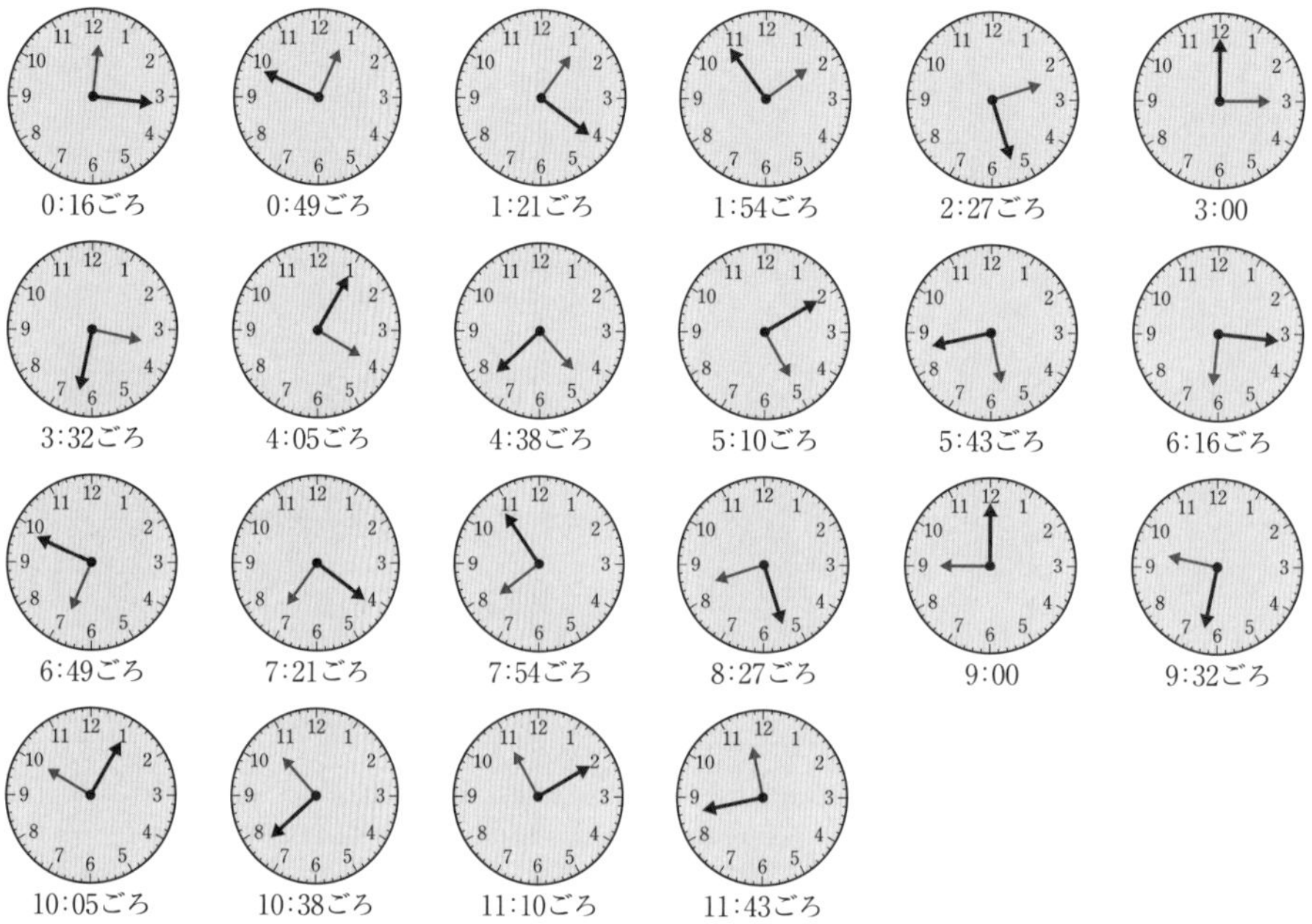

22回なんです。これを計算で求めると…、長針は１日＝24時間で24回転します。短針は１日に２回転します。
短針を固定して考えると、長針だけがこの差の22回転することになります。すると、長身と短針の作る角度が90度になるのは、長針１回転につき２回ずつなので、22×２＝44回です。

中級

正解は B

氷の体積は1200×2500× 5 ＝15000000cm^3

水ならば1000cm^3で 1 kgですが、同じ重さで氷は約10％膨らみますので、氷ならば1100cm^3で 1 kgになります。

ということは、15000000(cm^3) ÷1100(cm^3) ＝13636.363636…(kg)

およそ13636kgつまり13tくらいになります。

A
見た目とは？
ちゃんと考えた？
B
やったね!!
C
1は水の比重。氷の
比重は違うよ。

初級

正解は A

選手が 1 人敗退するのに 1 試合が必要です。

ですから、勝者が 1 人だけ残るには126人が敗退しなければならないわけです。

したがって、優勝が決まるまでの全試合数は126試合となります。

A
やったね!!
B
参加人数＝試合数
じゃないよ。
C
1を足したのはただの
思いつきだね？

命の尊厳と向き合いながら医師である己の意味を問う

今月の1冊

『泣くな研修医』

著／中山祐次郎
刊行／幻冬舎文庫
価格／630円＋税

研修医という存在を知っているだろうか。

日本の医師法では、大学の医学部で6年間学び、医師国家試験に合格して医師の資格を得たとしても、すぐには本当の医師とは認めてもらえず、2年以上、病院で実地の研修を積まなければならない。

この物語の主人公・雨野は、外科医をめざして日々研鑽《けんさん》を積む、そんな研修医の1人だ。

先輩医師の背中について、ときには叱られながら、1から100までを学ぶ毎日。

担当する患者が心配で、連日医局のソファに寝泊まりしていたのに、ある夜、油断して出かけた日に限って、担当の幼児が重篤な事態におちいってしまう。

自らのいたらなさ、情けなさを責めて、人知れず涙をこぼす雨野だが、その日、先輩の女性医師の「医者はね、ミスすると患者を殺す仕事なの。それも、1度のミスで」という叱声は深く心に刻まれる。

ときには担当患者の家族に死亡宣告もしなければならない研修医。なりかけの医師だが患者や家族からみれば、まぎれもなく医師には違いないのだ。

ただ、研修医の成長をみつめる、この物語にはテレビの医療ドラマに登場するような悪役は出てこない。たとえ雨野が立つ現場をどんなに苦しくつらい場面として描いても、温かい空気が全編にあふれる。

著者は現役の外科医として活躍中で、まさに「いま」を生きる医師だ。リアルな医療現場にいるのは、テレビドラマが描くような冷たさも持つ集団ではなく、真に患者の「命に向き合う人間」の集まりなのだろう。

◇

折りしも国内の医療現場の医師、看護師たちは、新型コロナウイルスとの戦いに命を賭して立ち向かってくれている。

最終章で、雨野が医師をめざす心の出発点が示されるが、そのキッカケを知れば、研修医を終えた雨野もいま、その戦いに身を粉にして挑んでくれていることが確信されるのだ。

サマータイムマシン・ブルース

大学生たちの愉快な時間旅行

2005年／日本
監督：本広克行

『サマータイムマシン・ブルース』
Blu-ray発売中
価格：3,800円+税
発売元：ショウゲート
販売元：ポニーキャニオン

舞台はとある大学のSF研究会。SF研究会とは名ばかりで、草野球などをして毎日のんびり過ごす面々の前に突如現れたタイムマシン。どの時代に行くか悩んだ末、なんと彼らは壊れてしまった部室のクーラーのリモコンを取ってくるために「昨日」に戻るというのです。

おもしろ半分でタイムマシンを操り、時間を行ったり来たりする陽気な彼らを見ていると、まるでいっしょにタイムトラベルしているかのように、こちらまで楽しい気持ちになってきます。また、何気ない日常の1コマがまるで運命、初めから決められていたシナリオのようにも思えてくるから不思議です。最後にはあっと驚く展開が待っていますよ。

九月の恋と出会うまで

時空を超えた純愛ストーリー

2019年／日本
監督：山本透

「九月の恋と出会うまで」
原作：松尾由美「九月の恋と出会うまで」（双葉文庫）
DVD発売中
価格：3,800円+税
発売元：バップ

新しいマンションに引っ越してきたばかりの志織は、自室の排気口から「1年後の未来にいる」という不思議な声を聞きます。半信半疑ながらその声に従って行動したことで、ある事件に巻き込まれずに命を救われますが、そのことでタイムパラドックス（※）が生じ、結局1年後に自分がこの世から消えるという事態になってしまいます。

隣人・平野とともになんとか解決法を探ろうとするうちに近づく2人の距離。2人の恋の行方、そして志織の運命はいったいどうなるのでしょうか。空に舞うしゃぼん玉、アパートの幻想的な中庭など、ロマンティックな背景描写にも心が癒される、爽やかなラブストーリーです。

※未来で決まっていることを過去で強制的に変えてしまったために生じる矛盾

時をかける少女

タイムリープで青春を駆けめぐる

2006年／日本
監督：細田守

「時をかける少女」
Blu-ray発売中
価格：6,600円+税
発売・販売元：株式会社KADOKAWA

友人の浩介・千昭たちと楽しい高校生活を送る真琴は、ひょんなことから過去に戻って同じ時間をやり直せる「タイムリープ」の力を得ます。それからというもの、自由気ままにタイムリープを繰り返す真琴。しかし、いつのまにか様々な弊害が起こり、タイムリープできる残り回数もどんどん減ってきて…。

何度も過去をやり直せるとしたら、テストや恋愛も失敗しないで済むかもしれません。でも、壁にぶつかるたびに過去に戻り、色々なことをなかったことにしてしまう人生には輝きを感じられません。タイムリープを繰り返し、「本当に大切なもの」に気づいた真琴がどんな結末を迎えるのか、ぜひご覧ください。

2月号の答えと解説

問題 漢字ボナンザグラム

空いているマスに漢字を入れて三字・四字熟語を完成させてください。ただし、同じ番号のマスには同じ漢字が入ります。最後に［　　］に入る四字熟語を答えてください。

1	2	3	4	5	6	7
8	9	10	11	12	13	14

[5]	[9]	[2]	[12]
[3]	日	[10]	秋
[4]	肉	[4]	背
海	[10]	[12]	[10]
[7]	[13]	[5]	質
記	[1]	[6]	[9]
吟	[2]	詩	[11]
統	[3]	[9]	解

[14]	商	[11]
園	[2]	[6]
後	[9]	[11]
[12]	火	[8]
当	[8]	[1]
[4]	[13]	生
[7]	合	[5]
他	[11]	[8]

[10]	載	[3]	遇
第	[3]	[11]	[1]
東	[12]	文	[7]
[4]	心	[11]	[5]
[3]	期	[3]	[6]
年	[4]	[14]	[8]
社	[6]	[9]	[13]
武	[1]	修	[14]

解答 物見遊山（ものみゆさん）

解説

パズルを完成させると，下のようになります。

語句の解説

1	2	3	4	5	6	7
者	遊	一	中	物	会	化
8	9	10	11	12	13	14
事	見	千	人	山	学	行

[5]物	[9]見	[2]遊	[12]山
[3]一	日	[10]千	秋
[4]中	肉	[4]中	背
海	[10]千	[12]山	[10]千
[7]化	[13]学	[5]物	質
記	[1]者	[6]会	[9]見
吟	[2]遊	詩	[11]人
統	[3]一	[9]見	解

[14]行	商	[11]人
園	[2]遊	[6]会
後	[9]見	[11]人
[12]山	火	[8]事
当	[8]事	[1]者
[4]中	[13]学	生
[7]化	合	[5]物
他	[11]人	[8]事

[10]千	載	[3]一	遇
第	[3]一	[11]人	[1]者
東	[12]山	文	[7]化
[4]中	心	[11]人	[5]物
[3]一	期	[3]一	[6]会
年	[4]中	[14]行	[8]事
社	[6]会	[9]見	[13]学
武	[1]者	修	[14]行

語句の解説

物見遊山…あちこちと見物して回ること。観光旅行。

千載一遇…めったに訪れない、いい機会。

一日千秋（いちじつせんしゅう）…（一日が千年にも長く思われる意味から）非常に待ち遠しいことのたとえ。

東山文化…室町幕府８代将軍・足利義政のころに栄えた文化。慈照寺銀閣は東山文化を代表する建築。

海千山千（うみせんやません）…経験を多く積み、物事の裏表を知り抜いているしたたかな人。

一期一会…生涯に一度だけ出会うこと。

他人事（ひとごと・たにんごと）…自分には直接関係のないこと。

2月号パズル当選者（全正解者39名）

小島　里彩さん（中１・東京都）　小林　ゆらさん（中３・神奈川県）　末藤　龍成さん（中３・東京都）
三井　麻優子さん（中１・東京都）　吉田　裕貴さん（小５・千葉県）

解いてすっきり

パズルでひといき

今月号の問題

位置をいれかえる

正方形の枠を横1列に並べて描き、左端から白い碁石を1個ずつ、右端から黒い碁石を1個ずつ置いて、〔ルール〕に従って、白い碁石を右へ、黒い碁石を左に動かして、白と黒の碁石の置く位置を入れかえることを考えます。

〔ルール〕

i） 隣の枠に石がないときは、1つ分だけ横に動かすことができる。

ii） 隣の枠に異なる色の石があるときは、その枠を1つだけ飛び越して動かすことができる。

iii） 同じ色の石のある枠を飛び越したり、枠を2つ以上飛び越して動かしたりすることはできない。

〔例〕のように枠の数が5個で、両端から2個ずつ碁石を置いた場合は、8回で石の位置を入れかえることができます。

〔例〕

	○	○		●	●
1回	○		○	●	●
2回	○	●	○		●
3回	○	●	○	●	
4回	○	●		●	○
5回		●	○	●	○
6回	●		○	●	○
7回	●	●	○		○
8回	●	●		○	○

それでは、下のように枠の数が11個で、両端に5個ずつ碁石を置いた場合、石を何回動かせば石の位置を入れかえることができるでしょうか。

○	○	○	○	○		●	●	●	●	●

今月のプレゼント！

表と裏で書き心地が変わる下敷き

5名さまに

ソニックの「**やわカタ下敷き**」は、表と裏で書き心地を使い分けられる下敷きです。文字をしっかり丁寧に書きたいときはざらざらの表面を、計算など素早く書きたいときはつるつるした裏面を使うのがおすすめです。

応募方法

左のQRコードまたは104ページからご応募ください。

◎正解者のなかから抽選で5名の方に右の「**やわカタ下敷き（B5サイズ）**」をプレゼントいたします。

◎当選者の発表は本誌2020年10月号誌上の予定です。

◎**応募締切日 2020年6月15日**

読者が作る おたよりの森

テーマ
あなたの得意技教えて！

早寝。いつでも、どこでも、5秒以内で眠れます！
（中1・埼玉ののび太くんさん）

人のいいところを必ず5個言えること！　相手のよさをすぐに見つけられるので、大嫌いな人がまったくできないのが私の自慢です！
（中3・くらげさん）

家に入った瞬間に**晩ご飯のおかず**を当てられる！　匂いに敏感なので、正解率がものすごく高い！
（中3・はなこさん）

先生たちのモノマネ。結構似ているらしくて友だちからの評判もいいです。
（中3・ものまねんさん）

人の顔を覚えるのが得意で、一度会った人の顔は忘れません！
（中3・歩くカメラさん）

学校が休校になって時間ができたので、お母さんに教えてもらって**玉子焼き**を何度か作っていたらすごくきれいに作れるようになりました。いまでは自信を持って得意だと言えます！
（中2・たまちゃんさん）

テーマ
好きな乗りもの

夜の景色が好きだから**寝台列車**！　減ってるから増えてほしいな。
（中2・サービス業に手を出した@せきそんさん）

遊園地の**コーヒーカップ**が大好きだけど、私が回しすぎるせいでだれもいっしょに乗ってくれない。でも、あれって回すためにあるよね？
（中2・回転大好きさん）

船。毎年夏休みになると、漁師のおじいちゃんに船に乗せてもらえます。海の上を走るのはすごく気持ちいいんですよ〜。
（中3・umiさん）

新幹線。旅行のときに乗って、なかでお弁当を食べるのが好き。
（中3・のぞみちゃんさん）

湖とかで乗れる**白鳥ボート**が好きです。のんびり景色を楽しめる…かと思いきやいつも全力で漕《こ》いでいてあまり景色の記憶がありません。
（中3・脚力自慢さん）

昨年乗せてもらった**スポーツカー**の乗り心地が忘れられない。大人になったら貯金して買うぞ！
（中1・富豪になるさん）

テーマ
先生に言いたいこと

先生の**似顔絵**を描く約束をしたまま長い休みになってしまったので、早く実現させたいです。
（中2・とっこさん）

先生！　**寝癖**はちゃんと直してください。寝癖がおもしろくて、昨年は授業に集中できませんでした！
（中2・I.N.さん）

S先生へ。給食のときに私たち生徒といっしょに**デザートじゃんけん**をするのはずるいと思ってました（笑）。
（中2・元1年3組さん）

1年生のとき、どの教科も毎回の**宿題**が多くてつらかったです…。もっと減らしてほしい！
（中2・Xさん）

志望校に受かったら、いっしょに**写真**を撮りたいです！　そのためにも勉強頑張ります。
（中3・ゆきんこさん）

必須記入事項

名前／ペンネーム／学年／郵便番号／住所／本誌をお読みになっての感想／投稿テーマ／投稿内容

右のQRコードからケータイ・スマホでどしどしお寄せください！
住所・氏名は正しく記入してください

Present!!　掲載された方には抽選で3名に**図書カード**をお届けします！
（500円相当）

募集中のテーマ

自分の好きなところ
勉強のコツ【国語】
励まされたひと言

応募〆切2020年6月15日

ここから応募してね！

ケータイ・スマホから
上のQRコードを
読み取って応募してください。

掲載にあたり一部文章を整理することもございます。個人情報については、図書カードのお届けにのみ使用し、その他の目的では使用いたしません。

埼玉私学フェア 2020

入場無料

気になる学校の先生とたっぷり相談

個別相談で自分の最適受験校を探す

熊谷展 2日間開催

7月25日㊏ 10時～17時
26日㊐ 10時～16時

会場：キングアンバサダーホテル熊谷　3階
プリンス・プリンセス

川越展 2日間開催

8月22日㊏ 10時～17時
23日㊐ 10時～16時

会場：ウェスタ川越　1階　多目的ホール

大宮展 2日間開催

8月29日㊏ 10時～17時
30日㊐ 10時～16時

会場：大宮ソニックシティ　第1～5展示場

埼玉県内私立高校 ※は中学校を併設

（参加校は会場によって異なります。ホームページでご確認ください）

青山学院大学系属	春日部共栄※	淑徳与野※	東野
浦和ルーテル学院※	川越東	城西大学付属川越※	武南※
秋草学園	慶應義塾志木	正智深谷	星野※
浦和明の星女子※	国際学院※	昌平※	細田学園※
浦和学院	埼玉栄※	城北埼玉※	本庄第一※
浦和実業学園※	埼玉平成※	西武学園文理※	本庄東※
浦和麗明	栄北	西武台※	武蔵越生
叡明	栄東※	聖望学園※	武蔵野音楽大学附属
大川学園	狭山ヶ丘※	東京成徳大学深谷※	武蔵野星城
大妻嵐山※	志学会	東京農業大学第三※	山村学園
大宮開成※	自由の森学園※	東邦音楽大学附属東邦第二	山村国際
開智※	秀明※	獨協埼玉※	立教新座※
開智未来※	秀明英光	花咲徳栄	早稲田大学本庄高等学院

夢が広がる高校選びの情報満載!
Success15
6月号

表紙：開成高等学校

FROM EDITORS 編集室から

新型コロナウイルスの影響を受け、思わぬ形で新年度を迎えてから1カ月以上が経ちました。異例づくしの幕開けで不安な気持ちを抱いている方も多いと思いますが、いまできることにこつこつと取り組み、少しずつ進んでいきましょう。

今号では、受験生が入試までに過ごす約8カ月について、そのスケジュールや心がまえを掲載しています。「まだまだ入試本番は先のこと」と感じるかもしれませんが、この時期から受験を意識して過ごせるかどうかで、半年後の自分が大きく変わります。受験学年でない生徒さんも含め、夏に向けて、みなさんが志望校やその先の将来について考えるきっかけになれば嬉しいです。　(M)

Next Issue 8月号

Special 1

学校側から見た『学校説明会』

Special 2

仕組みを知ればもっとおもしろい！夏を彩る花火のからくり

※特集内容は変更されることがあります。

サクセス編集室 お問い合わせ先

TEL : 03-5939-7928　FAX : 03-3253-5945

今後の発行予定

7月15日	10月15日
2020年8月号	秋・増刊号
8月15日	11月15日
夏・増刊号	2020年12月号
9月15日	2021年1月15日
2020年10月号	2021年2月号

Information

『サクセス15』は全国の書店にてお買い求めいただけますが、万が一、書店店頭に見当たらない場合は、書店にてご注文いただくか、弊社販売部、もしくはホームページ（104ページ下記参照）よりご注文ください。送料弊社負担にてお送りします。定期購読をご希望いただく場合も、上記と同様の方法でご連絡ください。

Opinion, Impression & ETC

本誌をお読みになられてのご感想・ご意見・ご提言などがありましたら、104ページ下記のあて先より、ぜひ当編集室までお声をお寄せください。また、「こんな記事が読みたい」というご要望や、「こういうときはどうしたらいいの」といったご質問などもお待ちしております。今後の参考にさせていただきますので、よろしくお願いいたします。

いまなら定期購読がお得です!

現在、新型コロナウイルス感染拡大予防のための一斉休校を受け、ご自宅で過ごす日々が続いているお子さんも多いかと思います。

『サクセス15』は「Fujisan.co.jp」上で、1000円オフの特別価格で定期購読にお申し込みいただけるキャンペーンを実施中です。

この機会に定期購読にお申し込みいただき、ご自宅での学習にぜひお役立てください。

お申し込みURL：

https://fujisan.ms/chugaku

FAX送信用紙

※封書での郵送時にもコピーしてご使用ください。

98ページ「位置をいれかえる」の答え

氏名

学年

住所（〒　　　－　　　）

電話番号

（　　　　　）

現在、塾に

通っている　・　通っていない

通っている場合

塾名

（校舎名　　　　　）

面白かった記事には○を、つまらなかった記事には×をそれぞれ３つずつ（　）内にご記入ください。

（　）04　受験生これからの１年間 やるべきことを意識しよう
（　）10　君が進むべき「この１年」とは
（　）13　身近な不思議 ようこそ 気象学の世界へ
（　）20　Special School Selection 開成高等学校
（　）26　公立高校WATCHING 東京都立西高等学校
（　）30　研究室にズームイン 横浜国立大学　村井基彦准教授
（　）37　受験生のための明日へのトビラ
（　）38　突撃スクールレポート 山手学院高等学校
（　）40　スクペディア 共立女子第二高等学校
（　）41　スクペディア 八雲学園高等学校
（　）42　スクペディア 桐光学園高等学校
（　）43　スクペディア 文京学院大学女子高等学校
（　）44　2020年度公立高校入試結果分析
（　）54　2020年度私立高校就学支援金制度
（　）58　高校受験質問箱
（　）62　レッツトライ！　入試問題
（　）66　中学生の未来のために！ 大学入試ここがポイント
（　）68　東大入試突破への現代文の習慣
（　）72　こちら東大はろくま情報局
（　）74　キャンパスデイズ十人十色
（　）79　ちょっと得する読むサプリメント
（　）80　なぜなに科学実験室
（　）84　マナビー先生の最先端科学ナビ
（　）86　中学生のための経済学
（　）87　ミステリーハンターＱの タイムスリップ歴史塾
（　）88　ピックアップニュース！
（　）89　サクセス印のなるほどコラム
（　）90　名字の豆知識
（　）92　数学ランドへようこそ
（　）96　Success Book Review
（　）97　サクセス映画館
（　）98　解いてすっきり パズルでひといき
（　）101　読者が作る　おたよりの森

FAX.03-3253-5945

FAX番号をお間違えのないようお確かめください

サクセス15の感想

高校受験ガイドブック2020 6　Success15

発　行：2020年５月18日 初版第一刷発行
発行所：株式会社グローバル教育出版　〒101-0047 東京都千代田区内神田2-5-2 信交会ビル3F
ＴＥＬ：03-3253-5944
ＦＡＸ：03-3253-5945
Ｈ　Ｐ：http://success.waseda-ac.net/
e-mail：success15@g-ap.com

郵便振替口座番号：00130-3-779535
編　集：サクセス編集室
編集協力：株式会社 早稲田アカデミー

【個人情報利用目的】ご記入いただいた個人情報は、プレゼントの発送およびアンケート調査の結果集計に利用させていただきます。